· 青少年网络心理研究

Internet Psychology and Bek

周宗奎/主编

U0597115

青少年网络成瘾与家庭团体治疗

Adolescent Internet Addiction and Multi-Family Group Therapy

刘勤学 著

中国出版集团

世界图书出版公司

广州·上海·西安·北京

图书在版编目（CIP）数据

青少年网络成瘾与家庭团体治疗 / 刘勤学著 . -- 广
州 : 世界图书出版广东有限公司 , 2025.1 重印
　ISBN 978-7-5100-8022-7

　Ⅰ . ①青… Ⅱ . ①刘… Ⅲ . ①互联网络－影响－青少
年－研究②青少年教育－家庭教育－研究 Ⅳ . ① C913.5
② G78

　中国版本图书馆 CIP 数据核字 (2014) 第 150060 号

青少年网络成瘾与家庭团体治疗

责任编辑	翁　晗
出版发行	世界图书出版广东有限公司
地　　址	广州市新港西路大江冲 25 号
电　　话	020-84459702
印　　刷	悦读天下（山东）印务有限公司
规　　格	880mm×1230mm　1/32
印　　张	8.5
字　　数	200 千
版　　次	2014 年 6 月第 1 版　2025 年 1 月第 5 次印刷
ＩＳＢＮ	978-7-5100-8022-7/B · 0083
定　　价	48.00 元

总　序

一

　　工具的使用对于人类进化的作用从来都是哲学家和进化研究者们在探讨人类文明进步的动力时最重要的主题。互联网可以说是人类历史上影响最复杂、前景最广阔的工具，互联网的普及已经深深地影响了人类的生活方式。它对人类文明进化的影响已经让每个网民都有了亲身感受，但是这种影响还在不断地深化和蔓延中，就像我们认识石器、青铜器、印刷术的作用一样，我们需要巨大的想象力和以世纪计的时距，才有可能全面地认识人类发明的高度技术化的工具——互联网对人类发展的影响。

　　互联网全面超越了人类传统的工具，表现在其共享性、智能性和渗透性。互联网的本质作用体现在个人思想和群体智慧的交流与共享；互联网对人类行为效能影响的根本基础在于其智能属性，它具有能部分地替代人类完成甚为复杂的信息加工的功能；互联网对人类行为之所以产生如此广泛的影响，在于其发挥作用的方式能够在人类活动的各个领域无所不在地渗透。

　　法国当代哲学家贝尔纳·斯蒂格勒在其名著《技术与时间》中，从技术进化论的角度提出了一个假说："在物理学的无机物和生物学的有机物之间有第三类存在者，即属于技术物体一类的有机化的无机物。这些有机化的无机物贯穿着特有的动力，它既和物理动力相关又和生物动力相关，但不能被归结为二者的'总和'或'产物'。"在我看来，互联网正是这样一种"第三类存在者"。互联网当然首先依存于计算机和网络硬件，但是其支撑控制软件与信息内容的生成和运作又构成自成一体的系统，有其自身的动力演化机制。我们所谓的"网络空间"，也可以被看作是介于物理空间和精神空间之间的"第三空间"。

与物理空间相映射，人类可以在自己的大脑里创造一个充满意义的精神空间，并且还可以根据物理世界来塑造这个精神空间。而网络是一个独特的虚拟空间，网络中的很多元素，包括个体存在与社会关系，都与个体在自己大脑内创造的精神空间相似。但是这个虚拟空间不是存在于人的大脑，而是寄存于一个庞大而复杂的物理系统。唯其如此，网络空间才成为独特的第三空间。

二

网络心理学正是要探索这个第三空间的心理与行为规律。随着互联网技术和应用的迅猛发展，网络心理学正处在迅速的孕育和形成过程中，并且必将成为心理科学发展的一个重大进展。

技术的发展已经使得网络空间从文本环境转变为多媒体环境，从人机互动转变为社会互动，使它成为一个更加丰富多彩的虚拟世界。这个世界对个人和社会都洋溢着意义，并将人们不同的思想与意图交织在一起，充满了创造的机会，使网络空间成为了一个社会空间。在网络这个新的社会环境和心理环境中，一定会衍生出反映人类行为方式和内心经验的新的规律，包括相关的生理反应、行为表现、认知过程和情感体验。

从门户网站到搜索引擎，再到社交媒体，互联网的发展已经在个人生活、公共事业、商业活动、科学创造等领域取得了划时代的进步，日新月异的技术、产品和服务已经使互联网成为了一个以高创新和高潜力为标志的最具魅力的新兴行业。网络技术与生活内容的结合，产生了网络社交、电子政务、电子商务、网络金融、在线教育、网络医疗、网络游戏、网络婚恋等丰富多彩的网络生活形态；随着网络生活史的延续，基于互联网的大数据进而开始改变人类行为的组织方式与生活方式。与人类历史上的任何一个时期相比，个人的自我表露、娱乐、休闲的方式更加丰富，人与人之间的交往和互助的方式更为多样，人们的教育和科学研究活动更为自由，医疗卫生保健活动也更加自主……网络技术仍然在不断地发展与创新，人们对技术改变生活的心态已经从被动接受转变为充满期待。

进入移动互联网时代之后，手机、平板电脑等个人终端和网络覆盖的普及带来了时间和空间上的便利性，人们在深层的心理层面上很容易将网络空间看作是自己的思想与人格的延伸。伴随着网络互动产生的放大效应，人们甚至会感到自己的思想与他人的思想可以轻易相通，甚至可以混合重构为一体。个人思想之间的界线模糊了，融合智慧正在成为人类思想史上新的存在和表现形式，也正在改写人类的思想史。

伴随着作为人类智慧结晶的网络本身的进化，在人类众多生产生活领域中发生的人的行为模式的改变将会是持续不断的，这种改变会将人类引向何处？从人类行为规律的层面探索这种改变及其效果，这样的问题就像网络本身一样令人兴奋和充满挑战。

网络心理学是关于人在网络环境中的行为和体验的一般规律的科学研究。作为心理学的一个新兴研究领域，网络心理学大致发端于1990年代中期。随着互联网的发展，网络心理学也吸引了越来越多的学者开始研究，越来越多的文章发表在心理学和相关学科期刊上，越来越多的相关著作在出版。近两三年来，一些主要的英文学术期刊数据库（如 Elsevier Science Direct Online）中社会科学和心理学门类下的热点论文排行中甚至有一半以上是研究网络心理与网络行为的。同时，越来越多的网民也开始寻求对人类行为中这一相对未知、充满挑战的领域获得专业可信的心理学解释。

在网络空间中，基于物理环境的面对面的活动逐渐被越来越逼真的数字化表征所取代，这个过程影响着人的心理，也同时影响着心理学。一方面，已有的心理科学知识运用于网络环境时需要经过检验和改造，传统的心理学知识和技术可以得到加强和改进；另一方面，人们的网络行为表现出一些不同于现实行为的新的现象，需要提出全新的心理学概念与原理来解释，形成新的理论和技术体系。这两方面的需要使得当前的网络心理学研究充满了活力。

网络心理学得到了多个学科研究者的关注和参与，心理学、传播学、计算机科学、管理学、社会学、教育学、医学等学科的研究者，从不同的角度对网络心理与行为进行了探索。在心理学范畴内，网络心理研究涉及传统心理学的各个分支学科，认知、实验、发展、社会、教育、组织、人格、临床心理学等都在与网络行为的结合中发现了或者正在发现新的富有潜力的研究主题。传统心理学的所有主题都可以在网络空间得到拓展和更新，如感知觉、注意、记忆、学习、动机、人格理论、人际关系、年龄特征、心理健康、群体行为、文化与跨文化比较等等。甚至可以说，网络心理学可以对等地建构一套与传统心理学体系相互映射的研究主题和内容体系，将所有重要的心理学问题在网络背景下重演。实际上当前一部分的研究工作正是如此努力地开展的。

但是，随着网络心理学研究的深入，一些学科基础性的问题突显出来：传统的心理学概念和理论体系能够满足复杂的网络心理与行为研究的需要吗？心理学的经典理论能够在网络背景下得到适当的修改吗？有足够的网络行为研究能帮助我们提出新的网络心理学理论吗？

在过去的 20 年中，网络空间的日益发展，关于网络心理的研究也在不断扩展。早期的网络心理学研究大多集中于网络成瘾，这反映了心理学对社会问题产生关注的方式，也折射出人类对网络技术改变行为的焦虑。当然，网络心理学不仅要关注网络带来的消极影响，更要探究网络带来的积极方面。近期的网络心理学研究开始更多地关注网络与健康、学习、个人发展、人际关系、团队组织、亲社会行为、自我实现等更加积极和普遍的主题。

网络不仅仅是心理学的一个新课题，它更是一个人类心理体验的新领域，这个人类体验的领域是过去人类历史上从未出现过的，对这个全新领域的探索必然会改变心理学本身。但是，这需要心理学研究人员的思想首先发生转变，对网络心理学的研究方法与理论创新保持开放的态度；能够把人的网络空间、网络存在、网络环境看作是当代人类行为的最基本的要素，甚至将网络看作是某种根本的存在方式；理解并主动利用网络对个体心理、人际关系、群体行为和文化的重大影响，以探索和创造科学心理学在网络时代的新篇章。我们很高兴地看到，世界上一些活跃在网络心理与行为研究领域的实验室和团队已经开始显示出这种趋向。

网络心理学不仅仅只是简单地诠释和理解网络空间，作为一门应用性很强的学科，网络心理学在实际生活中的应用也有着广阔的前景。例如，如何有效地预测和引导网络舆论？如何提高网络广告的效益？如何高效地进行网络学习？如何利用网络资源促进教育？如何使团体和组织更有效地发挥作用？如何利用网络服务改进与提高心理健康和社会福利？如何有效地开展网络心理咨询与治疗？如何避免网络游戏对儿童青少年的消极影响？网络心理学的研究还需要对在线行为与线下生活之间的相互渗透关系进行深入的探索。在线行为与线下行为是如何相互影响的？个人和社会如何平衡和整合线上线下的生活方式？网络涵盖了大量的心理学主题资源，如心理自助、心理测验、互动游戏、儿童教育、网络营销等，网络心理学的应用可以在帮助个人行为和社会活动中发挥非常重要的作用。对这些问题的探讨不仅会加深我们对网络的理解，也会提升我们对人类心理与行为的完整的理解。

更富意味的是，网络技术恰恰是人类当代最有活力的技术领域。云计算、大数据方法、物联网、可视化、虚拟现实、增强现实、大规模在线课程、可穿戴设备、智慧家居、智能家教、微信传播等等，新的技术形态和应用每天都在改变着人的网络行为方式。这就使得网络心理学必须面对一种动态的研究对象，计算机与网络技术的快速发展使得人们的网络行为更加难以预测。网络心理学不同于心理学的其他分支学科，它必须与计算机网络的应用技术相同步，必须跟上技术形态变革的步伐。基于某种技术形态的发现与应用是有时间限制与技术条件支撑的。很可能在一个时期内发现的结论，过一个时期就完全不同了。这种由技术决定的研究对象的不断演进增加了网络心理学的发展难度。同时也增加了网络心理学的发展机会、增加了网络心理学对人类活动的内涵和重要性。

三

网络心理与行为研究是多学科的，不仅需要社会科学领域的研究者参与，也需要信息技术、网络技术、人机交互领域的研究者的参与。网络心理学的未来要依靠不同学科的协同创新。心理学家应该看到不同学科领域的视角和方法对网络心理研究的不可替代的价值。要理解和调控人的网络心理与行为，并有效地应用于网络生活实际，如网络教育、网络购物、网络治疗、在线学习等，仅仅依靠传统心理学的知识远远不够，甚至容易误导。为了探索网络心理与行为领域新的概念和理论，来自心理学和相关领域的学者密切合作、共同开展网络心理学的研究，更有利于理论创新、技术创新和产品创新，更有利于建立一门科学的网络心理学。

根据研究者看待网络的不同视角，网络心理学的研究可以分为三种类型：基于网络的研究、源于网络的研究和融于网络的研究。"基于网络的研究"是指将网络作为研究人心理和行为的工具和方法，作为收集数据和测试模型的平台，如网上调查、网络测评等；"源于网络的研究"是指将网络看作是影响人的心理和行为的因素，依据传统心理学来考察网络使用对人的心理和行为产生了什么影响，如网络成瘾领域的研究、网络使用的认知与情感效应之类的研究，"记忆的谷歌效应"这样的研究是其典型代表；"融于网络的研究"是指将网络看作是一个能够寄存和展示人的心理活动和行为表现的独立的空间，来探讨网络空间中个人和群体的独特的心理与行为规律，以及网络内外心理与行为的相互作用，这类研究内容包括社交网站中的人际关系、体现网络自我表露风格的"网络人格"等等。这三类研究对网络的理解有着不同的出发点，但也可以有交叉。

我们不妨大胆预测一下网络心理与行为研究领域未来的发展走向。在网络与人的关系方面，两者的联系将全面深入、泛化，网络逐渐成为人类生活的核心要素，相关的研究数量和质量都会大幅度提升。在学科发展方面，多学科的交叉和渗透成为必然，越来越多的研究者采用系统科学的方法对网络与人的关系开展心理领域、教育领域、社会领域和信息工程领域等多视角的整合研究。在应用研究方面，伴随新的技术、新的虚拟环境的产生，将不断导致新的问题的产生，如何保持人与网络的和谐关系与共同发展，将成为现实、迫切的重大问题。在网络发展方向上，人类共有的核心价值观将进一步引领网络技术的发展，技术的应用（包括技术、产品、服务等）方向将更多地体现人文价值。这就需要在网络世界提倡人文关怀先行，摒弃盲目的先乱后治，网络技术、虚拟世界的组织规则将更好地反映、联结人类社会的伦理要求。

四

互联网的发展全面地改变了当代人的生活，也改变了青少年的成长环境和行为方式。青少年是网络生活的主体，是最活跃的网络群体，也是最容易受网络影响、最具有网络创造活力的群体。传统的青少年心理学研究主要探讨青少年心理发展的年龄阶段、特点和规律，在互联网高速发展的时代，与青少年相关的心理学等学科必须深入探索网络时代青少年新的成长规律和特点，探索网络和信息技术对青少年个体和群体的社会行为、生活方式和文化传承的影响。

网络行为具备的平等性、互动性、隐蔽性、便利性和趣味性都让青少年网民着迷。探索外界和排解压力的需要能够部分地在诙谐幽默的网络语言中得到满足。而网络环境所具有的匿名性、继时性、超越时空性（可存档性和可弥补性）等技术优势，提供了一个相对安全的人际交往环境，使其对自我展示和表达拥有了最大限度的掌控权。

不断进化的技术形式本身就迎合了青少年对新颖的追求，如电子邮件（E-mail）、文件传送（FTP）、电子公告牌（BBS）、即时通信（IM，如 QQ、MSN）、博客（Blog）、社交网站（SNS）、多人交谈系统（IRC）、多人游戏（MUD）、网络群组（online-group）、微信等都在不断地维持和增加对青少年的吸引力。

网络交往能够为资源有限的青少年个体提供必要的社会互动链接，促进个体的心理和社会适应。有研究表明，网络友谊质量也可以像现实友谊质量一样亲密和有意义；网络交往能促进个体的社会适应和幸福水平；即时通信对青少年既有的现实友谊质量也有长期的正向效应；网络交往在扩展远距离的社会交往圈子的同时，也维持、强化了近距离的社会交往，社交网站等交往平台的使用能增加个体的社会资本，从而提升个体的社会适应幸福感水平。

同时，网络也给青少年提供了一个进行自我探索的崭新空间，在网络中青少年可以进行社会性比较，可以呈现他们心目中的理想自我，并对自我进行探索和尝试，这对于正在建立自我同一性的青少年来说是极为重要的。如个人在社交网站发表日志、心情等表达，都可以长期保留和轻易回顾，给个体反思自我提供了机会。社交网站中的自我呈现让个人能够以多种形式塑造和扮演自我，并通过与他人的互动反馈来进行反思和重塑，从而探索自我同一性的实现。

处于成长中的青少年是网络生活的积极参与者和推动者，能够迅速接受和利用网络的便利和优势，同时，也更容易受到网络的消极影响。互联网的迅猛发展正加速向低龄人群渗透。与网络相伴随的欺骗、攻击、暴力、青少年犯罪、群体事件等也屡见不鲜。青少年的网络心理问题已成为一个引发社会各界高度重视的焦点问题，它不仅影响青少年的成长，也直接影响到家庭、学校和社会的稳定。

同时，网络环境下的学习方式和教学方式的变革、教育活动方式的变化、学生行为的变化和应对，真正将网络与教育实践中的突出问题结合，发挥网络在高等教育、中小学教育、社会教育和家庭教育中的作用，是网络时代教育发展的内在要求。更好地满足教育实践的需求是研究青少年网络心理与行为的现实意义所在。

五

互联网为青少年教育和整个社会的人才培养工作提供了新的资源和途径，也提出了新的挑战。开展青少年网络心理与行为研究是青少年教育和培养的长远需求。顺应时代发展对与青少年成长相关学科提出的客观要求，探讨青少年的网络心理和行为规律，研究网络对青少年健康成长的作用机制，探索对青少年积极和消极网络行为的促进和干预方法，探讨优化网络环境的行为原理、治理措施和管理建议，引导全面健康使用和适应网络，为促进青少年健康成长、推动网络环境和网络内容的优化提供科学研究依据。这些正是"青少年网络心理与行为教育部重点实验室"的努力方向。

青少年网络环境建设与管理包括消极防御和积极建设两方面的内容。目前的网络管理主要停留在防御性管理的层面，在预防和清除网络消极内容对青少年的负面影响的同时，应着力于健康积极的网络内容的建设和积极的网络活动方式的引导。如何全面正确发挥网络在青少年教育中的积极作用，在避免不良网络内容和不良使用方式对青少年危害的同时，使网络科技更好地服务于青少年的健康成长，是当前教育实践中面临的突出问题，也是对网络科技工作和青少年教育工作的迫切要求。基于对青少年网络活动和行为的基本规律的研究，探索青少年网络活动的基本需要，才能更好地提供积极导向和丰富有趣的内容和活动方式。

为了全面探索网络与青少年发展的关系，推动国内网络心理与行为研究的进步，青少年网络心理与行为教育部重点实验室组织出版了两套丛书，一是研究性的成果集，一是翻译介绍国外研究成果译丛。

《青少年网络心理研究丛书》是实验室研究人员和所培养博士生的原创性研究成果，这一批研究的内容涉及青少年网络行为一般特点、网络道德心理、网络成瘾机制、网络社会交往、网络使用与学习、网络社会支持、网络文化安全等不同的专题，是实验室研究工作的一个侧面，也是部分领域研究工作的一个阶段性小结。

《网络心理与行为译丛》是我们组织引进的近年来国外同行的研究成果，内容涉及互联网与心理学的基本原理、网络空间的心理学分析、数字化对青少年的影响、媒体与青少年发展的关系、青少年的网络社交行为、网络行为的心理观和教育观的进展等。

丛书和译丛是青少年网络心理与行为教育部重点实验室组织完成研究的成果，整个工作得到了国家数字化学习工程技术研究中心、中国基础教育质量监测协同创新中心、华中师范大学心理学院、社交网络及其信息服务协同创新中心、教育信息化协同创新中心的指导与支持，特此致谢！

丛书和译丛是作者和译者们辛勤耕耘的学术结晶。各位作者和译者以严谨的学术态度付出了大量辛劳，唯望能对网络与行为领域的研究有所贡献。

周宗奎

2014 年 5 月

序　言

信息社会中，作为继报刊、广播和电视之后以计算机技术、多媒体技术和现代通讯技术相结合出现的第四大媒体，互联网以其交互性、及时性、广泛性、开放性等特点，得以迅速普及，并以前所未有的强劲势头向前拓展，以不可思议的速度闯进人类生活，迅速渗透到人类生活的方方面面，对人们的生活方式、心理行为产生深刻的影响。上网已经成为目前我国乃至全世界青少年最受欢迎的休闲活动，而青少年则是我国最大的网民群体。在备享网络对生活和学习所带来的便利、快捷的同时，其负面影响也在不断显现。因此，青少年的网络行为一直备受社会及研究者的关注。探讨青少年网络行成瘾为的动机机制，并有针对性地对其过度使用网络进行实证干预，对于引导青少年合理使用网络、有效预防网络的过度和消极使用，建设文明的网络环境均有重要的意义。

纵观目前该领域出版的学术专著，其中的确不乏专门针对网络成瘾这一问题的著作，有研究者注重干预模式的理论和实践探讨，有研究者关注该成瘾行为的认知机制，也有研究者为学校和家庭提供科普性的预防和治疗知识。但是到目前为止，干预实践和理论研究存在着相对脱节现象。鲜有研究者将理论研究成果应用于干预实践，亦少见研究者能够严格地对某种干预模式进行行为改变机制的探讨。实际上，干预模式的支持和验证有赖于理论研究的支持，理论研究的成果也需要干预实践来进行检验。这是心理学干预模式的一个重要的形成和推广模式。

本书在对青少年网络成瘾领域中已有研究梳理回顾的基础上，从行为的动机视角考察网络成瘾行为的发生机制。研究整合了个体行为改变的内因——内在动机和外因——家庭环境，系统探讨青少年网络成瘾行为的需求满足和家庭互动的交互作用机制，并将家庭团体治疗这一新的干预模式引入网络成瘾领域，尝试为该领域的干预和治疗提供新的思路和方法。同时，该书也能够为学校、家庭和社会在预防青少年网络成瘾问题上提供指导和启示。

在本研究的开展和本书的写作过程中，得到了很多师长、同事和友人的支持，在此表示感谢。尤其要感谢北京师范大学发展心理研究所的方晓义教授所给予的方法上的指导、研究开展的支持以及书稿写作的建议；感谢华中师范大学心理学院周宗奎教授对于书稿写作的大力支持和修改建议。还要感谢我的同学、同事给予的帮助。最后要感谢世界图书出版公司对于本书出版的支持。

本书凝聚了作者的研究心力，但是囿于水平和精力有限，在研究设计和书稿写作上均存在不足之处，恳请读者能对其中的错漏和不当之处提出宝贵建议。

刘勤学　谨识

2014 年 3 月

前　言

　　2006 年底，美国《时代》杂志将当年的时代风云人物称号颁给了每一位网民，称这些从无到有聚集起来的力量相互配合，不仅正在改变世界，也将更新改变世界的方式（Time，2006）。2007 年，中国互联网信息中心（CNNIC）的报告显示，中国网民数已为 2.1亿，次于美国居世界第二位；2008 年 6 月底，中国网民数量达到2.53 亿，超过美国，跃居第一位；2009 年 1 月，中国网民规模达到 2.98 亿人，互联网普及率达到 22.6%，首次赶上并超过了全球平均水平；2010 年底，中国网民总数达到 4.57 亿，互联网普及率为34.3%，网民规模占亚洲网民总数的 55.4%。2013 年 12 月，中国网民规模达 6.18 亿，网络普及率为 45.8%，同时移动网络应用增长迅速（CNNIC，2008，2009，2010，2013）。从这些数字的变化当中我们不难看出，中国网络的发展速度之快已经到了惊人的程度。网络的迅猛发展带来巨大经济效益的同时，也带来了快速增长的网络成瘾群体。其中，青少年群体因为其所处发展阶段的特殊性、成瘾人数的庞大性以及所带来的危害性而成为研究者普遍关注的热点问题。有研究表明，我国青少年的网络成瘾率在 8%～ 14% 之间，对青少年的伤害至深（雷雳，杨洋，2007；范方，苏林雁等，2008；宋桂德，李芮等，2008；李永占，2007）。人们迫切需要找到青少年网络成瘾的成因以及有效的干预方法以减少青少年的网络成瘾和网络成瘾对青少年造成的伤害。

　　目前，在对网络成瘾影响因素的研究中，研究者分别从互联网自身的特点（Young，1998）、环境因素（林以正，王澄华，2001；王立皓等，2003；张兰君，2003）、个体因素（Young，1998；林绚晖，2001；毕玉，苏文亮等，2005；张宏如，2003）等方面进行了研究，并得到了较为丰富的结果。但是目前的研究都是从某一方面进行，而没有系统地将环境和个体因素等外因和内因结合起来考虑。有研究者（徐耀聪，余雯雯，王立新，2007）综述了国内网络成瘾的相关研究后提出，只有将内因和环境因素等外因相结合的角度进行研究，才能尽可能深入地揭示网络成瘾的成瘾机制。同时程麟（2007）对1998—2006年国内外关于网络成瘾的文献进行元分析之后也提出进行多角度的整合研究才是未来网络成瘾研究的发展方向。基于以上考虑，本书将从外因和内因结合的角度系统地对网络成瘾进行探讨。

已有研究证明，家庭因素是青少年问题行为的重要原因，但在网络成瘾领域，该因素未得到应有的重视（Weitzman，2000；程绍珍，杨明，师莹，2007；李永占，2007；李丹，周志宏，朱丹，2007）。在已有的研究中，研究者分别涉及家庭因素中的父母教养方式、亲子关系、亲子沟通和父母监控等变量。而随着发展心理学中家庭相关研究的兴起，研究者将家庭中互动因素的探讨摆到了一个更为重要的位置，更加注重从情景和互动中去探讨家庭对青少年儿童的影响（梁贞巧，伍辉燕，2008）。本书重点考查家庭中的互动变量，即亲子关系和亲子沟通对青少年网络成瘾的影响。

而从个体因素上来看，心理需求是人类动机系统中非常重要的驱动力，其已被证明是青少年行为尤其是媒体使用相关行为的内在推动力量（Przybylski, Rigby, & Ryan, 2010）。才源源等人（2007）和万晶晶（2007）分别对青少年和大学生的研究都发现网络成瘾和个体的心理需求有关，大学生心理需求满足的缺失是大学生网络成瘾的重要中介变量。但是，青少年和大学生分别处在不同的发展阶段，其发展任务和人际交往模式都会有所不同，心理需求缺失和满足的方式也会有所区别。因此探讨在家庭变量下，青少年心理需求对网络成瘾的影响具有重要的意义，也是本研究重点探讨的问题。

而对问题行为的探讨，研究的最终目的是为对该问题行为的干预服务。研究者分别从个体干预（Young，2007；Davis，2001；Hall & Parsons，2001；杨容等，2005）、团体辅导（Jong-Un Kim，2008；曹枫林，苏林雁，高雪屏，王玉凤，2007；杨彦平，崔丽娟，赵鑫，2004；白羽，樊富珉，2005）、家庭治疗（卓彩琴，招锦华，2008）等不同的角度从理论和干预方式的层面进行了探讨，但是，在干预方案的可推广性和有效性方面仍然存在不少问题。2008年，两起震惊全国的网络成瘾治疗事故再次把网络成瘾有效性干预的需求摆到了研究者的面前，实际的需求和广泛的关注使得研究者向不同的干预方案和整合方向寻求解决的方法。团体辅导是目前在成瘾领域应用最广泛的干预方式（Fisher & Harrison，1997），而家庭治疗又被证明是青少年网络成瘾行之有效的方法（Young，1998a；卓彩琴，招锦华，2008），那么有没有一种方式可以把二者结合起来，使得网络成瘾的干预方式可以在推广性和有效性上达到良好的平衡？本书将对家庭团体的干预模式进行探索。

综上所述，本书将着重从家庭环境和心理需求外-内因相结合的角度系统探讨青少年网络成瘾机制，并在其亲子互动-需求满足机制的研究基础上，选取对青少年网络成瘾有重要作用的互动因素和心理需求因素开发家庭团体的干预方案，进行家庭团体干预的实证研究，试图为青少年网络成瘾的成瘾机制和有效干预方式做出进一步的应用探讨。

目　录

第一篇

青少年网络成瘾研究现状

第一章

青少年网络使用行为概览

第一节　网络发展的时代背景

2006 年底，美国《时代》杂志将当年的时代风云人物称号颁给了每一位网民，称这些从无到有聚集起来的力量相互配合，不仅正在改变世界，也将更新改变世界的方式。2007 年，中国互联网信息中心（CNNIC）的报告显示，中国网民数已为 2.1 亿，次于美国居世界第二位；2008 年 6 月底，中国网民数量达到 2.53 亿，超过美国，跃居第一位；2009 年 1 月，中国网民规模达到 2.98 亿人，互联网普及率达到 22.6%，首次赶上并超过了全球平均水平；2013年，中国网民总数达到 6.18 亿，互联网普及率为 45.8%（CNNIC，2008，2009，2010，2013）。从这些数字的变化当中我们不难看出，中国网络的发展速度之快已经到了惊人的程度。图 1-1 显示了我国近 10 年来网络发展速度。

图 1-1   中国网民规模和互联网普及率

第二节   青少年网络使用行为

一、青少年网络使用的一般特点

根据中国互联网络信息中心发布的中国青少年上网行为调查报告（CNNIC，2010），目前在超过 2 亿的青少年网络使用群体中，50% 的年龄在 19～24 岁之间。青少年的网络使用行为呈现出以下几个特点：

1. 手机已经成为中国青少年第一位的上网工具，2009 年有74% 的青少年网民使用手机上网。网吧作为青少年上网场所的重要性在弱化。同时青少年网络使用时长也在逐渐增加，平均每周上网时间达到 16.5 小时。

2. 家庭成为青少年最主要的上网场所。2009 年，在家上网的青少年网民比例增加至 77.2%，同比提高 5.1 个百分点。但是该情况存在着地域差异，在农村地区，网吧仍然是青少年最主要的上网场所。

3. 青少年网络行为娱乐化特征明显。网络音乐（88.1%）、网络游戏（77.2%）、网络视频（67%）和网络文学（47.1%）的使用率均高于整体网民；而在未成年人网民中，网络游戏的使用率更高，达到 81.5%。

4. 网络互动行为非常活跃。青少年使用即时通信、博客、社交网站和论坛的比例分别为 77.0%、68.6%、50.9%、31.7%，这四类应用使用率均高于网民整体。其中即时通信的使用率在中国青少年的网络互动应用中使用率最高。

除此之外，青少年还对网络的新应用、新的互动方式均持有较为开放的态度，其在手机网络应用上的使用率也高于其他群体。CNNIC 的调查发现，新增网民大多通过手机接入互联网，2013 年中国新增网民中使用手机上网的比例高达 73.3%，高于其他设备的使用比例，这意味着手机依然是中国网民增长的主要驱动力，其中青少年在未来的新网民增长中仍是主力。

网络游戏和网络交往是青少年使用最多的两种网络行为，也得到了研究者最多的关注，以下将分别对这两种行为进行详述。

二、青少年网络游戏行为

网络游戏作为信息科技的产物，在学术研究中一直没有一个明确的概念，从网络游戏的发展和游戏玩家对网络游戏的理解来看，网络游戏可以分为广义和狭义两种。广义的网络游戏指只要能够通过网络连线从事的电子游戏，包括 PC 网络游戏、视频控制台的网络游戏、掌上网络游戏和交互电视网络游戏。狭义的网络游戏是客户加服务器模式的，即用户将客户端软件安装到计算机上，通过客户端软件登录到某个游戏服务器中，与更多的玩家进行互动。从游戏的内容上包括了网站游戏，如麻将、象棋、扑克等；在线游戏，同时能够容纳上千人连线上网的游戏，最具代表性的是大型多人在线角色扮演游戏，简称 MMORPG（Massively Multiplayer Online Role-Playing Game）。MMORPG 的特点是有一定的故事背景，玩家可以拥有不同特点的角色，获得强烈的游戏带入感。更多的学术性研究采用了狭义的网络游戏的概念，网络游戏是利用 TCP/IP 协议，以 Internet 为依托，可以多人同时参与的 PC 游戏项目（才源源，2007）。

（一）网络游戏的分类

由于对网络游戏概念的理解不同，对游戏类别的划分标准也不尽相同。Kim 等人将网络游戏划分为 4 种类型：角色扮演游戏、即时战略游戏、多用户维度游戏和射击游戏（Kim，Park，Chum，2002）。其中角色扮演游戏是指在假定的情景下扮演角色，围绕游戏环节展开；即时战略游戏则强调模拟体验和战略性思考；多用户维度游戏是文本导向的角色扮演游戏，以网络社区为导向；射击游戏的主要特点是射击或打击对象。

Meuter（2004）对网络游戏的分类更加细致，他将网络游戏划分成 10 类并对每一类进行了解释。（1）角色扮演类游戏的特点是体现故事性，着重于玩家所扮演的人物的成长过程及其经历的游戏，了解该角色所处的环境所遭遇的问题，并解决该问题。大部分该类型游戏需要玩家在游戏过程中打败敌人来提升自己的等级。（2）策略类游戏主要是体现挑战性，强调通过长期策略的规划及其资源运用以达到最终胜利的游戏，包含了发展事业的经营游戏与培养人物"成长"的游戏。（3）益智类游戏：体现挑战性，重视脑力思考，有利于智力增进的游戏。（4）冒险游戏：体现故事性，在一个情境下，玩家扮演某个角色，拥有某些资源的信息来解决情境中的问题，包含了融入动作成分的"动作冒险"，并发展一连串事件的游戏。（5）模拟游戏：体现真实性，模拟整个城市建立的游戏或者整个人成长的历程。（6）战争游戏：体现智力水平，类似战争中指挥官的用色，进行历史或者假设性战争的游戏，当游戏结束时会有明确的输赢结局。（7）动作游戏：体现流畅性，通常使用遥控器，着重手眼反应以及内容急速变化的游戏，格斗游戏是这类游戏的典型代表。（8）运动游戏：体现真实性，以运动竞赛为主题，由玩家化身运动员参与运动比赛，或者化身教练制定策略，掌控全局。（9）竞赛游戏：体现流畅性，以比较速度高低和玩家驾驭能力的游戏，如赛车类游戏。（10）教学游戏：体现界面的亲和性，如教导幼儿认识颜色，辨别各种动物的游戏软件。

中国网络经济研究中心 2005 年的网络游戏调研报告中将网络游戏分为棋牌类桌面游戏、角色扮演类游戏、社区类游戏三类，角色扮演类游戏具体包括童话类、武侠类、魔幻类、科幻类、休闲类。中国最大的网络游戏运营商盛大互动娱乐有限公司认为网络游戏大致可分为三类（1）大型多人在线游戏(包括大型多人在线角色扮演游戏，或 MMORPG。（2）休闲游戏。（3）网站游戏。总结来说，角色扮演类游戏成为了网络游戏的主流，其次是操作简单的网站休闲类游戏。

（二）青少年网络游戏行为特点

Leo Sang-min Whang 和 Geun Young Chang（2005）对网络游戏中玩家的生活方式进行研究，并按照玩家在游戏中的行为表现，在虚拟世界中所持的生活态度将他们分为三类：个人指向型、团体指向型、脱离现实型。个人指向型表现出独特的性格特点，倾向于与游戏中的其他玩家建立淡薄、短暂的人际关系，但是他们并不会刻意避免与其他玩家交流合作，也不会对他人表示出偏见。团体指向型在游戏中表现出了对团队的忠贞，他们以团队的共同目标和利益为行为核心。脱离现实型的游戏玩家会把在游戏中所得的财产和权利视为与现实世界中的一样重要，不惜采取任何可能的方式来增加游戏中的财富。对于这类游戏者来说，游戏已经成了他们生活的另一个脚本，生活在游戏中延续，游戏成瘾的问题也最容易发生在这一群体之中。

除此以外，也有研究者关注网络游戏中的互动行为。李家嘉（2003）指出线上游戏具有下列四项互动的行为：（1）合作——玩家之间可以组队，一起在游戏世界中冒险，队伍移动的操作掌握在领导人身上，领导人以外的玩家会自动追随其后。（2）交换——玩家彼此可以相互交换虚拟道具或在有条件下给予其他玩家虚拟道具。（3）对立——在游戏的对立行为可能是玩家向其他玩家下站帖要求决斗，以争取游戏中的有利地位为目的，例如获胜的一方可以获取游戏中的经验值。（4）聊天——在游戏进行时，玩家可以和其他玩家对话，以增加游戏的互动性及有趣性。吴明忠（2005）以线上运动社区为例，依据文献、讨论版的概况以及访谈结果，提出了线上运动社区成员的互动行为，包括：（1）信息互动——社区成员是为了获取信息，互动方式包括询问问题、获得信息、信息的帮助、告知。（2）人际互动——社区成员寻找志同道合的朋友，或为了抒发自己的心情，互动方式包括：开玩笑、交换电子邮件、会面、认为彼此是朋友、使用 MSN 或聊天室聊天、情绪的帮助以及真实世界的帮助。（3）讨论互动——成员与其他人交流意见，互动方式包括：讨论、告知（回应问题，但主要目的是与人做意见的交换）、提供意见、补充他人回应、引起议题（即时性的议题、情绪性、有深度的内容、反驳别人的意见）、争论（意见的争吵）以及总结大家的答案。杨云光（2001）经因素分析，得出四种虚拟社区成员的互动行为类型：（1）情感交流——建立进一步关系，开玩笑，吐口水，交流经验。（2）信息沟通——主动提出问题，阅读文章取得信息，发表经验。（3）商业互动——购买商品，二手管道。（4）秩序维护——管理工作，制止或劝说。

从以上特点可以看出，现在的网络游戏已经不是单纯的游戏行为，而是将在线游戏、在线互动和团队合作等多种网络行为和人际互动进行了整合。这就使得对于网络行为的研究更加复杂。

（三）网络游戏对青少年的影响

网络游戏是网络功能的一个重要组成部分，其对青少年的影响有利有弊。首先，不得不承认的是，适度的网络游戏使用能够促进青少年的手脑协调和智力发育。除此以外，适度的网络游戏还有可能会对青少年的心理发展具有以下方面的积极影响：

1. 有助于调整角色定位，把握角色行为

角色是每个人在社会中的特定地位和身份。一个人在社会中总要承担一定的角色，并根据社会的期待即社会对于处于不同地位的个体行为的要求和期望，不断进行选择和调整。青少年阶段是角色选取和定位的重要时期，在这个阶段，青少年逐步形成自己的价值观念和生活态度，并加深了社会对于自身角色期待的认识。

在现实生活中由于各种限制，青少年作为个人对于各种角色尝试的机会非常少，因而角色的重新定位并不易。网络游戏为青少年提供了尝试各种角色的机会，他们可以暂时抛开现实生活中性别、年龄等先赋角色和经过自身努力获得的自致角色，而选择自己感兴趣的角色参与其中，并不必受到其他人的同意或认可；他们可以尝试不同的角色，通过对于角色的扮演来体验角色的情感与经历，解

决角色之间的冲突，并从游戏者之间的交流得到对于角色的评价。研究显示扮演多重角色和自我多个方面的个体，比那些仅有少量限定角色的个体会获得更多的益处。他们能较网络游戏好的应对生活中的变化和压力，并且角色的丰富性也增进他们的生理健康和对生活的满意度。

2. 增强自我意识

青少年时期是一个心理突变的时期，处于刚刚发现了"自我"的阶段。青少年的自我意识主要表现在自我评价、自我体验和自我调控，自我具有多层次性。但仍然有一些侧面由于受到家庭、学校和社会的约束，不能够全面展现。在网络游戏这个虚拟的空间内，人们有着更多的寻找自我和体现自我的机会。在进行网络游戏的过程中，青少年可以摆脱一些约束进行充分的自我体现，体验胜利的喜悦和挫折的懊恼，这些有利于他们在现实生活中增强自我意识，选择和把握正确的发展方向，真正体现独立性的一面。

3. 获得更广泛的人际交往

互联网为人类提供了全新的沟通和交流工具，而网络游戏则可以把成千上万的人们同时聚集在一起。在现实生活中，青少年的交往范围主要集中在学校、家庭或者通过信件联络的笔友等，而通过网络游戏，他们可以和更多的人进行即时的沟通和交流。网络游戏使得青少年可以在放松的前提下进行人际交往，获得新的精神或情感的支持，能够突破时间和空间的限制，获得更广泛的人际交往。

4. 增强团队合作精神

通常一个游戏需要多人的合作和相互协调才能够取得胜利，因此网络游戏中的团队合作精神得到了充分体现。当前，我国青少年大多为独生子女，在成长的过程中缺乏团队意识和合作精神。但在现代社会中，社会分工的细致和人际交往的多样性使得团队合作意识已经成为工作、交往中非常重要的一个方面，青少年在网络游戏的团队合作中可以锻炼相互协作的技巧这有助于他们在现实生活中重视合作的力量，促使他们和他人更好地协调合作。

但在另一方面，由于青少年是个体人生发展的黄金时期，具有更重要的发展任务，同时也由于青少年还不能很好地控制自己，合理理性地使用网络游戏。因而，网络游戏带给青少年更多的是消极的影响。其主要体现在以下几个方面：

第一，网络游戏的长期使用可能会给青少年带来身体上的伤害。由于眼睛过久注视电脑显示屏，可使视网膜上的感光物质紫红质消耗过多，若未能及时补充其合成物质维生素 A 和相关蛋白质，会导致视力下降、眼痛、怕光、流泪、暗适应能力降低等。网络游戏的画面是上下左右跳跃式的，画面变换频繁，在游戏过程中，眼睛要随着人物的动作、背景的变化不停地转动，极易造成视觉疲劳，严重的还可能造成视网膜脱落。在肢体方面，网络游戏的操作一般都有高速、单一、重复的特点，而玩家由于在游戏时处于高度紧张状态，通常是长时间保持一种强迫体位进行操作，久而久之必然会导致肌肉骨骼系统的疾患，容易造成腰部、肩部、颈部等多处的肌肉损伤，带来背痛、腰酸背痛等困扰，严重的还会造成脊椎骨损伤、压迫心脏、影响心肺功能 (杨彦春，祝卓宏，1999)。

第二，易混淆现实角色与游戏角色，与现实生活脱节。网络游戏能够运用多媒体、美工、创意等先进的技术手段创造出虚拟却逼真的游戏环境，能够吸引人沉浸其中，甚至使人不知不觉把游戏中的元素带入现实生活中。虽然网络游戏参与者以虚拟的身份、角色参与到游戏中来，但对于角色的把握却渗透着个人的行为习惯和其他因素。同时网络游戏提供了即时的游戏对抗也让游戏参与者实际上是在与其他真实的人进行较量，即使在游戏结束之后，这种对抗也会在其记忆中留下深刻印象，不断回想。青少年虽然拥有一定的自我调控能力，但不够成熟，他们不能够完全的区分现实角色和游戏角色，甚至无法统一自我角色，形成人格障碍或造成行为失控。一小部分自我控制能力较弱的青少年在不知不觉间把游戏中的暴力带入了现实角色，他们有可能不经意地在现实生活的小争执中使用游戏中常用的暴力手段，引发犯罪行为（张蔚，2006）。

第三，易对网络游戏产生依赖心理，形成游戏成瘾。网络游戏精美的画面、曲折的情节及丰富的场景常常会让人过度地沉溺其中，甚至出现网络成瘾症。例如在游戏中可以得到数以万计的财富或至高无上的权力，但在现实生活中也许要面临并不富裕的家庭环境，而自身又处于学习阶段，不能像游戏中那样瞬间赢得财富，这时就会对现实的生活环境产生失望，迷恋网络游戏中作为"富翁"或者"王者"的角色。另外还有一部分青少年在虚拟的网络游戏人际交往中非常活跃，现实中却非常内向和封闭，只有在网络游戏的虚拟空间才能得到交流的满足感。即使现实中不是内向的性格，过度地沉溺于游戏，也会大大减少现实生活中人际交往的时间和兴趣，在现实生活中显得十分孤僻和冷漠。网络游戏毕竟是虚拟的交流空间，人不可能时时刻刻生活在这样的一个空间内。因此当面对现实生活的人际交往的时候，沉溺于网络游戏的人会感到更加孤单，更加依赖网络游戏提供的虚拟环境，形成恶性循环。对于网络游戏的过度依赖将造成青少年感到孤独、自闭、智力下降等严重后果，会使他们处于一种亚健康的状态，甚至形成心理障碍。

第四，可能会混乱青少年的自我认知，造成同一性混乱。网络游戏给青少年提供了各种各样的角色扮演的机会，同时也为青少年自我同一性混乱埋下隐患。青少年正处于自我意识发展的重要时期。自我同一性是指个体对自己的本质、价值、信仰以及一生趋势的一种相对稳定一致和相对完整的统一意识。如果青少年没有形成一种积极的同一性，那他们就会产生角色混乱。在网络游戏中，青少年是以虚拟的身份，扮演虚拟的角色，生活在虚拟的社会中，可以随心所欲地选择自己扮演的角色，一个手无缚鸡之力的小女生可以扮成叱咤风云的大将军，一个在游戏中无所不能的法师在现实生活中可能是什么都干不好的人。网络游戏很容易让青少年在游戏中形成一个虚拟的、不切实际的理想我，进而可能混淆游戏中的理想我和现实中的现实我，导致对自我的迷失，表现出网上和网下生活中人格的不一致、不统一。情况严重的可能使青少年产生角色认同错误。

第五，影响人格发展，诱发犯罪行为。个体一旦对网络游戏产生依赖，会无节制地沉迷于各种游戏之中，不惜增加游戏时间，忽视现实生活的存在，出现情绪低落、生物钟紊乱、思维迟缓的现象等，严重影响其学习、生活、工作，有的青少年可能因此出现人格转变。同时，大部分的网络游戏都存在暴力内容，这极易触及青少年内心深处的攻击本能，诱发暴力犯罪行为。青少年大量地接触这样一些游戏，会对游戏中的暴力行为习以为常，打一个人或杀一个人也是无所谓的事，那么当他们在现实生活里遇到一些问题需要去解决时，往往马上就想到游戏里所使用的暴力手段。此外，玩网络游戏还需要经济投入，这也诱发了不少青少年为了玩游戏而实施偷盗、抢劫等犯罪行为，此类案件屡见报端。

三、青少年网络交往行为

网络交往（Internet communication 或者 e-communication）是近年来随着网络诞生以及发展形成的一种新型的人际交往方式，也有不少研究者使用以计算机为媒介的沟通（Computer-mediated

Communication，简称 CMC）来泛指网络交往。除此之外，"在线交流"（Online Communication）、"计算机媒介互动"（Computer-Mediated Interaction）、"网上关系"（Online Relating）、"网络社会交互"（Social interaction on the internet）等名词也有网络交往的含义。从行为特点来看，网络交往是网络使用行为的一种，主要指人与人通过计算机以及互联网进行人际互动，包括人与人之间的信息沟通和情感沟通。鉴于该交往方式形成的年限尚短，来自中西方的研究者立足于不同的视角，对于该概念的界定暂未达成统一。但在不同的界定中，依然可以发现共同处，以下是不同研究者对网络交往概念的不同界定：

1. 网络交往行为论

Stasser 使用"计算机媒介沟通"的概念，从社会情境（social context）的角度界定网络交往。他认为网络交往是一个过程，是处于特定环境的一群社会行动者在与他们所创造的各种各样的情境意义进行谈判的过程。依照他的观点，每个使用计算机的主体都会创造一种社会情境，并不断创造与调整，在这种情境中进行各种网络交往行为。同时，我国学者马恒平（2002）从行为的角度界定网络行为，认为网络交往是人们在互联网上以从事信息交换为目的的虚拟交往活动，是一种新型的社会互动行为。这种定义是将网络交往等同于互联网使用行为，是从广义上界定的网络交往。

2. 网络交往信息交换论

December（2003）强调网络交往是建立在互联网基础上，发生在全世界的合作性网络系统中的信息交换。这种信息可能具有一定的延时性，并且被编码成不同的媒体类型在互联网上传播。换言之，网络交往的行为不仅仅是建于互联网基础上的对话，也包括其他类型的信息互通，比如视频、照片、音乐等。与此相关的有我国学者华伟（2003）的界定。她认为网络交往是社会发展到网络时代的自然产出的一种新型交往形式，是基于网络技术而存在，以语言为媒介，通过人与人之间在互联网上的联系建立起的社会联系。这种媒介下的交往模式存在虚拟的交往情境以及全球化的交往范围两个特征，这二者同时决定了网络交往的一般特征以及自身的独特性。

3. 网络交往互动论

有研究者自我游戏的角度出发，他们认为，网络交往是一种和陌生人之间互动的游戏，其实本质是和自我的互动，在这个过程中实现自我表现、重塑自我（黄少华，武玉鹏，2007）。该定义充分突出了自我在人际交往中的功能，但是将交往仅仅定义于陌生人之间仍有待商榷。陈历（2003）认为，网络交往的本质是以网络技术、信息技术为基础，以符号为中介进行相互作用、相互交流和相互理解的互动过程。是多个主体通过彼此的网络客体中介而形成网络关系的实践交往活动。这一界定突出了网络交往中主体的能动性。

因此，综合前人的理论研究结果，不难看出网络交往行为的定义大都包括以下内涵：

其一，网络交往行为是基于计算机网络技术以及信息技术，自发形成的一种新型交往模式，是在虚拟空间下使用主体和交往客体在网络媒介的支持下进行的一种交往行为。

其二，网络交往行为不仅仅局限于主体和客体之间的对话，还包括各种被编码成网络信息的符号，比如：音乐、照片、文字等信息。

其三，网络交往行为本质上是交往的过程，在这个过程中，个体之间能够沟通思想、传达情感、建立友谊。网络交往行为可能是对现实友谊的加固与延伸，也有可能是对现实交往缺失的补偿。

（一）网络交往的特征

网络空间赋予了人际交往新的结构和内涵，并在时间和空间上改变了传统的社会交往和人际沟通的方式，呈现出新的特征。

1. 交互性

网络和传统传媒方式在交流上的最大区别就在于网络独一无二的交互性。网络不仅仅只是单向的传播，同时还具有丰富的互动性。这种互动性具有形态、来源和信息方面的三大特征（Vasalou & Joinson，2009）。用户在网络交往中的角色并不仅仅是被动的信息接受者，而更主要是积极的信息参与者。

2. 开放性

网络的联结打破了物理世界中的地理限制，将世界各地的人们联系起来。通过网络，不同种族、国籍、文化背景、价值观念和生活方式的人可以互相联系，形成了一个开放式的空间。除此之外，各种网络交往的网站、应用软件、网络社区等方式，均可以促进具有类似兴趣、来自同一区域或者专业领域的人们之间的联系。人们可以自由地选择交往的对象。总体而言，网络极大地拓展了人际交往的渠道和范围，并使得这些渠道和范围可以不断丰富和补充。

3. 虚幻性

由于网络本身的匿名性的特征，使得网络交往中的主体和现实中的交往主体相比，具有更多的虚幻性。人们可以自由选择自己在网络中的身份，甚至是和真实的身份完全相反的个体标签，如性别、年龄、国别、肤色、喜好等，均可以虚拟化。这样一种可能性使得网络交往也具有了虚幻性，具有不真实感。但是，这种虚幻性也给网络交往带来了更多的新异性，对个体来说也许具有更大的吸引力，当然也会带来更高的风险。

4. 自主性

在网络中，个体几乎可以完全自主地选择交往的对象，并决定交往的性质。同时由于开放性和匿名性，网络交往中的个体几乎没有外在的约束，包括可能在现实世界中可能会带来交往障碍的语言缺陷、外表缺陷和身体残疾等因素在互联网上都不会成为障碍；同时法律和道德的约束力也会减弱，很多时候没有办法追踪到某一事件的始作俑者，因此这样的环境会给予个体更多的自主性和灵活性，在一定程度上也会增加人们之间的联结。

5. 弱联结性

社交线索减少观（The reduced social cues perspective）认为网络交往与面对面的交流相比，其交换的信息更少。因此该理论认为网络交往并不太适合于情感交流、复杂信息传递和社交临场感的感知。这些观点对计算机为媒介的交流来维持紧密关系的能力持怀疑态度。并且，正是因为通过互联网能接触到更多的有共同兴趣和爱好的人，这种基于计算机的交流传递社交信息少的环境，降低了与不认识的人接触所带来的风险，因而被认为是更适合于维持弱的社会关系（Sproull & Kiesler，1986）。但是社会建构主义却认为，由于网络匿名性而不用担心隐私泄露，更可能形成亲密的强联结（McKenna et al.，2002）。网络交往的关系强弱仍需进一步的研究来探明。

6. 失范性

网络交往虽然其独特性，但本质上仍属于人际交往的范畴，与之交往的个体也需要遵守基本的规则和法律。但是，由于网络特征的存在，使得网络交往仅仅依靠道德伦理和个体的价值观来进行，法律和现实的约束性都有所降低。这就使得网络交往中出现了价值规范的不确定性、重感性满足而轻道德约束等特征，网络交往中的失范行为也屡见不鲜，需要个体更加谨慎面对。

鉴于网络交往的如上特征，决定了其能够为使用主体提供一个更加多样丰富的平台，在这个平台上，使用主体能够间接地接触其他交往客体，从而能够在虚拟的交往过程中得到友谊在网络空间的延伸，抑或是虚拟的网络友谊转为现实。

（二）网络交往的形式

网络交往的形式众多，包括即时通信（IM）、电子邮件（E-mail）、电子公告牌（BBS）、博客（Blog）、交往网站（SNS）、在线游戏以及各种网络社区等。其中，青少年使用最多、同伴群体最集中的网络交往形式有社交网站（非同步交往）和即时通讯（同步交往）两类（黄少华，2009）。

1. 即时通信（IM）

根据 CNNIC（2013）的调查，截至 2012 年 12 月底，我国即时通信网民使用率上升到 82.9%，规模达到 4.68 亿人，即时通信成为网络交往最重要的方式。即时通信是指能够即时发送和接收互联网消息的业务，最初只能借助文字信息进行交流，后来也可以借助有声的语言来进行交流，但是更多的则是在文字基础上加入了一些表达交往各种情感的符号系统。使用者可以根据自己的喜好和特定的对象交谈，也可以与多个对象交谈，可以选择与陌生人交流，也可以和熟悉的朋友家人进行交流。在隐私方面，使用者可以使用自己真实姓名，也可以匿名。而目前随着智能手机的普及，有越来越多的即时通信用户在移动客户端登录，也同时推动了更多的人使用即时通信服务，进一步扩大整体即时通讯用户的规模。

2. 社交网站（SNS）

截至 2012 年底，中国使用交往网站的网民用户达到 2.75 亿，在网民中的渗透率达到 48.8%（CNNIC，2013）。社交网站的主要功

能是交友和分享信息，它创建了一个公共平台，每个用户拥有自己
的个人主页以自由地自我展示，并能够浏览他人的网页进行网络交
际（Boyd & Ellison，2007）。社交网络的其他公共空间的功能（比
如游戏、投票、论坛、分享、交易等）也方便了用户与亲朋好友的
自由沟通与互动。交往网站的用户关系可以是由现实延伸也可以在
网络平台上逐渐培养，用户可以通过多种方式与他人构建关系，进
行互动。交往网站的发展验证了"六度分隔理论"（Six Degrees of
Separation），即"你可以通过不超出六位中间人间接与世上任意一位
先生 / 女士相识"。基于"朋友的朋友是朋友"的原则，个体的交往
圈会不断扩大和重叠而形成更大的交往网络。目前国内外最受青少
年欢迎的社交网站主要有 Facebook 和人人网等。同时在整个互联网
都将趋于社交化的趋势下，图片社交、私密社交、购物分享等新型
的社交应用也将进一步推动社交网站乃至整个社交网络的发展。

3. 博客、微博

博客在 21 世纪初曾成为个体抒发个人情感、表达观点并形成
个人风格的主要的方式。截至 2012 年底，我国博客和个人空间用
户数量为 3.72 亿人。但是仍在使用的网民比例仅为 24.8%。与此同
时，随着微博的发展，其目前已经超越了个人博客和空间的限制，
发展成了中国新兴的社交平台。据互联网监测研究平台 DCCI 互联
网数据中心发布的微博蓝皮书，截至 2012 年底，中国的微博用户
已经达到了 3.27 亿，其中活跃群体绝大部分为青少年群体，包括
中学生和大学生人群。

4. 电子邮件

根据 CNNIC（2013）的调查，中国大陆网民中 44.5% 的人使
用电子邮件相互传递信息、提供资料、交流思想。与日常通信相
比，电子邮件具有明显的优势：①方便快捷。只需要连通网络，瞬

间就可以完成相关的全部操作；②价格低。通过网络发送电子邮件到世界任何一个角落，几乎不需额外的花费；③速度快。发一封电子邮件，短则几秒，长则几分钟，对方便可收到邮件；④一信多发。可以将一封电子邮件发送给成千上万个人。电子邮件的出现，为人们的社会生活带来了改变，也为人们的交往方式带来了便利（童星，2001）。

5. 主题论坛

亦简称 BBS（Bulletin Board System），一般允许用户以匿名的方式进行访问，使得公众以电子信息的方式发布自己的观点。但是大多数的论坛仍会鼓励注册成为会员以获得更多的权利和信息。像日常生活中的黑板报一样，论坛按不同的主题分成很多公布栏，栏目设立的依据是大多数 BBS 使用者的要求和喜好。使用者可以阅读其他人关于某个主题的最新看法，可以毫无保留地表达自己的想法和观点，别人也有可能会回应你的观点。在论坛中，在与别人进行交往时，无需考虑自身的年龄、身份、财富、外貌等因素。同样的，交谈者也无从知道对方的真实社会身份。这对于传统的交流方式来说，具有更多地去抑制化效应。

（三）网络交往的相关研究

1. 网络交往和现实交往的关系

早期研究大多认为网络交往必然挤占现实社会活动时间、与亲戚和朋友交流的时间，从而缩小现实交往圈（Mesch，2001）。网络交往依赖程度能够显著正向预测现实交往的困扰程度（李菲菲，2010）。青少年过度上网交友将导致社会孤立和社会焦虑（Turkle，1995），也导致其与家人和朋友的关系变得更弱（Sanders et al.，2000）。Carducci（2002）更是对"计算机媒介交流"（CMC）提出警告，认为网络沟通大多数只限于志趣相投的人，可能降低人们对他人的容纳和忍受。

另一方面，很多网络使用者认为网络能够改善他们的生活，甚至能提供与他人互动的必要链接（D'Amico，1998；Isaacs，Walendowski，Whittaker，Schiano，& Kamm，2002；Lenhart，Rainie，& Lewis，2001）。Fenichel（2004）指出，网络可以自由联想、移情、投射，在网络上的很多地方可以发泄力比多。青少年期最重要的发展任务是寻找"我是谁"的答案，网络恰好提供了空间、温暖、安全和理解，帮助青少年建立自我认同，例如网络认同游戏能够帮助实现心理成熟（Turkle，1995）。Ellison，Steinfield 和 Lampe（2007）调查了大学生 Facebook 使用时间与社团活动参与程度，结果表明 Facebook 具有加强社会交流的独特功能。社交网站中来自朋友的正面评论与青少年的良好适应也存在相关（Valkenburg，P.，& Peter，J.，2007）。Peris 等人（2002）通过对聊天室 66 名被试的研究发现，健康的网络人际关系能对网下人际关系进行有益的补充。Valkenburg 和 Peter（2009）发现，即时通信对青少年既有的友谊质量有长期的正效应，在线自我暴露起到中介作用。Kiesler（2002）认为，网络交往扩展了远距离的社会交往圈子，实际上增进了个体与亲戚朋友的面对面互动，也增加了社会资本（Katz，& Rice，2002）。

2. 网络交往对个体关系质量的影响

雷雳和伍亚娜（2009）发现，同伴依恋与其网络使用存在显著相关，青少年与同伴的疏离程度可以正向预测其对社交服务的使用偏好和病理性网络使用。Mikami 等人（2010）的纵向研究表明，13～14 岁时适应良好的青少年在 20～22 岁时会更多地使用网络社交服务，且现实中的同伴关系、友谊质量以及行为适应可以预测 20～22 岁时个体在网络交往中的关系质量和行为问题。也就是说，个体早期的现实同伴交往会在成年早期的网络交往中重现。此外，也有研究表明，现实交往不自在的个体更喜欢进行网络交往，而喜欢现实交往的个体更倾向于使用网络获取信息（Papacharissi & Rubin，2000；Sheeks & Birchmeier，2007），现实社交活跃的青少年在网络关系中也表现活跃，现实中的社交退缩则相反（Mikami et al., 2010）。

一项以884名青少年为被试的纵向研究探讨了以社交为目的网络使用（聊天室和即时信息）和以娱乐为目的的网络使用的影响。结果发现这些网络行为影响了之后与挚友和恋人关系的质量（Blais et al., 2008）。即时通讯的使用与伴侣和好友关系的质量在大多数方面呈正相关。与此相反，访问聊天室与好友关系的质量负相关。玩网络游戏一般来说会影响友谊质量（Blais et al., 2008）。一个在加拿大和以色列的研究发现两国青少年使用即时通讯主要是为了与他们的恋人和好友保持联系，而很少用于与网上认识的人联系（Mesch & Talmud，2008）。这些研究表明当即时通讯是用于和同伴团体联系时，其作用是促进而不是阻碍其关系的巩固，频繁的即时通讯会激发个体与朋友见面的热情（Hu，Yifeng，& Smith，2004）。即时通讯最主要的用途是社交、策划活动、完成任务和认识新人（Grinter & Pallen，2002；Flanagin，2006）。因此，当即时通讯用来认识朋友时会产生积极的作用。相反地，访问聊天室扩大了年轻人的社交网络且提供了社会支持，但这显然是以牺牲与已有朋友的联络时间为代价的，会导致疏离感和冲突增加，陪伴和亲密感降低。因此，这两种不同的活动显然具有不同的功能。

社交网站允许用户呈现自己的信息（包括年龄、性别、地址、教育和兴趣等），鼓励用户与网站中自己认识的、志趣相投的个体进行链接；或者邀请那些认识的、志趣相投的朋友加入网站；建立并保持与其他用户的联系、在网上发布信息、创建个人博客和参与在线团体（Boyd & Ellison，2007）。社交网站对年轻人很有吸引力。最近一个研究比较了欧洲和北美的社交网络使用，研究发现了年龄和社交网络使用存在相关。54% 的 16 岁到 24 岁的人有个人简介，而这个比例在 25 岁到 34 岁的群体中下降到 26%，在 35 岁到 44 岁的群体中比例是 12%，45 岁到 54 岁的群体中是 7%（Ofcom，2008）。

　　至于使用社交网站的后果，一些研究评估了社交网站对增加用户与本群体成员或其他群体成员的联系的促进程度。研究指出，青少年使用社交网站促进了他们的社会联结，既与那些住在不同城市或国家的家人和朋友保持了联系，同时也联系了那些生活中的朋友。社交网站促进了用户及时更新自己的状态和活动，也促进了用户与同伴群体安排和组织一些娱乐和社交活动。联系人的数量常常用来说明社会地位以及与他人的社交参与程度。更少的人报告是基于共同兴趣和爱好与他人联络（Ellison，Steinfeld & Lampe，2006）。

第二章

网络成瘾问题及其现状

第一节 网络成瘾的界定和测量

一、网络成瘾的界定

迄今为止，心理学界对网络成瘾的界定还没有形成统一的意见，其争论的焦点在于它是一种类似于药物依赖的成瘾行为还是一种类似于不良应对方式的问题行为。美国心理学家 Goldberg 在 1995 年第一次提出"网络成瘾障碍"（Internet addition disorder，简称 IAD）的概念，指在无成瘾物质条件下的上网行为冲动失控，主要表现为由于过度使用互联网或者使用不当，并对日常生活带来了影响，是一种个体用以缓解压力的方式，是一种应对方式上的行为成瘾。而 Kimberly Young 认为 IAD 是一种"冲动控制障碍"（impulse-control disorder），Kandell（1998）则把 IAD 定义为"一种对网络的心理依赖"。这些研究者都同意使用"网络成瘾"这一名称来界定，只是在其具体内涵上有所差异。而对"成瘾"的界定提出质疑的研究者则提倡使用病理性网络使用（pathological internet use，简称 PIU）（Davis，2001；雷雳，李宏利，2003），网络行为依赖（Internet Behavior Dependence，简称 IBD）（Hall &Parsons，2001）以及强迫性网络使用（compulsive internet use）等，认为其更多的是一种非适应性的问题行为。现在，关于网络成瘾的界定争论仍在继续，这种不一致性亦反映在最新的 DSM-V 的修订和制定过程中。在 APA 发布的 DSM-V 的初稿，网络成瘾被界定为网络使用障碍（Internet use disorder，IUD），并归入物质使用和成瘾障碍亚类（Section III of Substance Use and Addictive Disorder）。但是在最终发布的版本中，还是将网络成瘾移除，只将其收入至需要进一步研究的问题中。而随着互联网的进一步发展，有关于网络行为和网络成瘾的研究将继续深入。

概括来说，虽然不同的关于网络成瘾的界定存在着出入，但是，这些不同的术语内涵却基本相同，都包含了（1）互联网使用的耐受性高；（2）社会退缩；（3）内疚；（4）上网欲望难以抑制（雷雳，李宏利，2003）。而且不同的研究者也大体认同 Goldberg（1997）提出的网络成瘾的 7 个核心因素，即耐受性、戒断症状、渴求度、冲突性、凸显性、情绪改变及复发性。

目前国内研究者主要使用的是网络成瘾（IAD）和病理性网络使用（PIU）这两个概念。由于国内大多数研究都是使用网络成瘾的概念，且本研究中关注的是这一现象背后的动力机制问题，因此本研究采用通俗易懂的网络成瘾这一叫法，即网络成瘾是指非适应性的问题行为，表现为由于过度使用互联网而导致个体明显的社会、心理功能损害。网络成瘾者一方面具有药物成瘾者的临床表现，另一方面也是一种对个体的发展和适应造成损害的心理问题或问题行为。

二、网络成瘾的分类

Davis（2001a）按成瘾性质将网络成瘾分成两类，即特殊性网络成瘾和一般性网络成瘾：

特殊的网络成瘾（Specific pathological Internet use）：是指那些依赖网络的特定功能，包括过度使用在线的色情材料或服务，在线性服务、在线拍卖服务、在线商品交易、在线赌博等，其依赖的内容原本在现实生活中存在，互联网是其成瘾行为的一个中介媒体。

一般性网络成瘾（Generalized pathological Internet use）：是一般性的、多方面的上网过度，包括在网上无明显目的地浪费时间。通常这个类型的人与网络聊天和 email 依赖有关系。社会接触的需要和从网上获得的强化导致了他们更加希望维持虚拟的社交生活。

Young 等人根据研究结果，提出网络成瘾至少包括下列五种类型（Young，Pistner，O'Mara，& Buchanan，2000）：

网络色情成瘾（Cybersexual Addiction）：这类成瘾者通常会浏览、下载或者买卖网上的色情文字、图片和影像等；或者参加性角色幻想的聊天室。

网络关系成瘾（Cyber- relationship Addiction）：通常包括过度地使用 QQ、聊天室等在网上进行人际交际；过度地卷入网上的人际关系。网上的朋友变得比真实生活中的家人或朋友更加重要。很多情况下会导致婚姻的不和谐和家庭矛盾。

网络强迫行为（Net Compulsions）：包括强迫性地参加网上赌博、网上购物、网上炒股等。特别是由于个体使用虚拟的娱乐场所、电子拍卖行等，损失了大量的金钱，甚至放弃了他的工作责任和重要的人际关系。

强迫性信息收集（Information Overload）：强迫性地花费大量的时间搜索、下载和整理网上的信息，而这些信息大多是无用、无关或不迫切需要的。

计算机成瘾（Computer addiction）：指强迫性地沉溺于电脑游戏或编写程序。

北京军区总医院成瘾医学中心的陶然等人（2007）提出了网络成瘾可以分为以下几个类型：（1）精神分裂症样网络成瘾综合征；（2）焦虑型网络成瘾综合征；（3）强迫型网络成瘾综合征；（4）抑郁型网络成瘾综合征；（5）恐惧型网络成瘾综合征；（6）人格改变型网络成瘾综合征；（7）混合型网络成瘾综合征。

三、网络成瘾的测量

目前网络成瘾的主要测量方法是问卷调查法。不同的研究者根据不同的理论基础、概念架构以及成瘾标准来源而发展出了多个测量工具。以下将从测量工具编制的理论基础和项目来源进行分类综述：

1. 参考 DSM-IV 的成瘾标准

有研究者倾向于将网络过度使用定义为一种行为成瘾，因此其筛选标准则参考 DSM-IV 中的强迫性成瘾的标准或者其他成瘾标准，如病理性赌博成瘾等。

在早期被广泛使用的 Young（1999）编制的 IAT 量表就是根据 DSM-IV 中病理性赌博的 10 项标准确定了网络成瘾的 8 项标准。该量表一共 8 个项目，如果个体对下列问题中的五个题目给予了肯定的答复，就可以判定为网络成瘾："你是否沉溺于互联网？你是否需要通过逐次增加上网时间以获得满足感？你是否经常不能抵制上网的诱惑和很难下网？停止使用互联网时你是否会产生消极的情绪体验和不良的生理反应？每次上网实际所花的时间是否都比原定时间要长？上网是否已经对你的人际关系，工作，教育和职业造成负面影响？你是否对家人朋友和心理咨询人员隐瞒了上网的真实时间和费用？你是否将上网作为逃避问题和排遣消极情绪的一种方式？"这一量表结构简单，方便易行，得到国内外的研究的广泛运用（Chou，Condron，Belland，2005）。但就像 Young 本人所指出的那样，该量表的结构效度和临床应用还需进一步研究。因此，在 8 个项目的 IAT 量表的基础上，Young 进行了修订，编制网络成瘾损伤量表（Internet Addiction Impairment Index，IAII），其包含 20 个题目，5 级评分。得分在 0 ～ 30 属于正常范围；31 ～ 49 分为轻度成瘾；50 ～ 79 分为中度成瘾；80 ～ 100 分为重度成瘾。

Meerkerk 等人（2009）同时参考了 DSM-IV 中关于物质依赖的 7 个标准、病理性赌博的 10 个标准以及 Griffiths 在 Marks 和 Brown 的工作基础上发展起来的关于行为成瘾的 6 个标准，编制了强迫性网络使用量表（Compulsive Internet Use Scale，CIUS）。该量表包括 5 个维度：失去控制、沉浸、戒断症状、冲突、应对或情绪改变，共 14 个项目，5 点评分，分别为 0- 从不，1- 很少，2- 有时候，3- 经常，4- 很频繁。得分越高代表强迫性程度越高。该量表的 Cronbach's alpha 系数为 0.89。

Nichols 等人（Nichols & Nicki，2004））同样基于 DSM-IV 中 7 条物质依赖标准以及 2 条成瘾标准编制了网络成瘾量表（Internet Addiction Scale），共 31 题，采用 5 点计分（1= 从不，2= 很少，3= 有时，4= 经常，5= 总是）。分数越高代表网络成瘾越严重，该量表的内部一致性系数为 0.95。

Brenner(1997) 基于 DSM-IV 的物质滥用标准编制了互联网相关成瘾行为量表（Internet-Related Addictive Behavior Inventory，IRABI），共 32 个项目。后经过 Chou（2000）修订后的中文版量表第二版（C-IRABI-II）共有 37 个项目，内部一致性系数 α 达到 0.93。Chou 还发现 C-IRABI-II 与 Young 的量表之间的皮尔逊相关系数为正相关（r=0.643, p<0.01）。这在客观上证实了 Young 的量表与其他量表可能会存在一致性。

国内也有研究者采用类似的标准来编制网络成瘾的测量工具。钱铭怡等人参考了 DSM-IV 中酒精依赖诊断标准编制了大学生网络关系依赖倾向量表（IRDI），该量表有 4 个因素，29 个项目。4 个维度分别是：依赖性、交流获益、关系卷入和健康网络使用。总量表的内部一致性信度 Alpha 系数为 0.87，4 个因素的 Alpha 系数分别为 0.84，0.76，0.74，0.70，5 周的重测信度为 0.619（p<0.01）（钱铭怡等，2006）。

2. 根据前人的理论建构及网络成瘾本身的特征进行编制

有研究者是根据对网络过度使用的定义、理论模型来制定其标准。Davis（2001a）提出了病态网络使用（PIU）的认知行为理论。Davis 认为 PIU 有两种不同的形式：特定的和一般性的病理性互联网使用。PIU 的认知行为模型认为，不合理的认知对一般的 PIU 行为发展很关键，并提供了关于一般的 PIU 的认知和行为症状，以及导致的消极结果。认知层面包括关于网络的强迫性想法、低控制上网冲动、对在线使用网络内疚、与不上网相比上网时有更多积极的感受和体验等，行为层面包括强迫性网络使用导致个体在工作 / 学校或人际关系上体验到消极结果、对网络使用的情况否认或撒谎、使用网络来逃避个人的问题（如抑郁、孤独），消极结果层面包括降低的自我价值感、增加的社交退缩。

Davis（2001b）在 PIU 认知行为模型的基础上编制了戴维斯在线认知量表（Davis Online Cognition Scale，DOCS），包含 36 个项目，4 个维度：孤独 / 抑郁（Loneliness/depression），低的冲动控制（diminished impulse control），社会舒适感（social comfort），分心（distraction），7 点量表。该量表的改进在于：（1）量表的名称 "DOCS" 未明确告诉被试量表要测的内容，具有较高的表面效度；（2）题目不是对网络成瘾病态症状的简单罗列，所要测量的是

被试的思维过程（即认知）而非行为表现。因此该量表具有一定的
预测性。

Caplan（2002）根据 Davis 的理论编制了一般化的病理性互联
网使用量表（Generalized Problematic Internet Use Scale，GPIUS），
测量了 PIU 的认知、行为和结果三方面，其中认知和行为包括 6 个
因素，结果包括 1 个因素，分别是：情绪改变、社交利益、消极结
果、强迫性使用、过多上网时间、社交控制、戒断反应。该量表的
维度和 Davis 的三个维度有所出入，但是从具体维度上来看，情绪
改变、强迫性使用和过多上网时间属于行为层面，知觉到的社交利
益、知觉到的社交控制和戒断属于认知层面。该量表被翻译成中文
后，7 个子量表的内部一致性为 0.70～0.91，但是探索性因素发现
只有 6 个因素，和原量表的结构有所出入（Li，Wang，& Wang，
2008）。

雷雳和杨洋根据 PIU 的界定和维度构想，并结合其他量
表、访谈、专家教师意见，编制了青少年病理性互联网使用量表
（APIUS）。该量表采用 5 点评分，共 38 个题项，包含 6 个因素：
凸显性、耐受性、强迫性上网/戒断症状、心境改变、社交抚慰和
消极后果。量表的内部一致性为 0.948，重测信度为 0.857。同时
APIUS 与 Young 的 8 项标准以及 CIAS 的相关分别为 0. 622 和 0.
773，应该说具有良好的聚敛效度，同时其区分效度也在可接受范
围内（雷雳，杨洋，2007）。目前该量表在国内青少年网络成瘾领
域的应用较为广泛。

陈侠和黄希庭（2007）根据对网络成瘾的界定，从"类型 - 成
瘾倾向"的角度把网络成瘾构想为一个包含两个层次、三个维度的
理论体系。第一层次是网络成瘾的类型，包括网络关系成瘾、网络
娱乐成瘾和信息收集成瘾；第二层次是网络成瘾倾向所表现的维

度，包括认知依赖、情绪依赖和行为依赖。并据此编制了大学生网络成瘾倾向问卷（IUS）。该问卷包括三个分量表，其中 R 量表包括 16 个题项；E 量表包括 13 个题项；I 量表包括 12 个题项。加上 6 个测谎题项，正式问卷一共包括 47 个题项。采用 Likert 自评式 5 点量表记分，"完全不符"记 1 分，"比较不符"记 2 分，"难以确定"记 3 分，"比较符合"记 4 分，"完全符合"记 5 分，在某一维度得分高说明具有较高的成瘾倾向。

周治金等则是根据网络成瘾的症状和特征而编制了网络成瘾类型问卷，该问卷为 5 点量表，20 个题项，包括三个类型：网络游戏成瘾、网络人际关系成瘾和网络信息成瘾，总问卷及各分问卷的同质性信度（Cronbach α）、分半信度及重测信度分别为 0.80 ～ 0.92、0.79 ～ 0.90 和 0.81 ～ 0.91。（周治金，杨文娇，2007）

台湾学者陈淑惠等（2003）以大学生为样本，根据网络成瘾的特征编制了《中文网络成瘾量表》（CIAS），包括网络成瘾核心症状和网络成瘾相关问题两个方面，共 26 个题项，4 点量表。包含 5 个因素：强迫性上网行为，戒断行为与退瘾反应，网络成瘾耐受性，时间管理问题，人际及健康问题。总分代表个人网络成瘾的程度，分数越高表示网络成瘾倾向越高。初步研究表明该量表具有良好的信度和效度，再测信度为 0.83，各因素量表内部一致性系数介于 0.70 与 0.82 之间，全量表内部一致性系数为 0.92。内地研究者白羽和樊富珉（2005）对 CIAS 进行了修订，编制了内地版的中文网络成瘾量表修订版（CIAS-R），CIAS-R 有 19 个项目，量表及其分量表与效标之间的相关关系总体所在区间为 0.65<r<0.85。

3. 参考前人已有的测量工具进行编制

有研究者在关于计算机 / 网络使用和成瘾的已有文献和调查的元分析基础之上，结合专家的意见编制了计算机 / 网络成瘾量表，该量表共有 74 个项目，4 个因素，分别是：因过度使用网络或成瘾而产生的社交孤独和忘记吃饭、约会迟到或爽约等现实错误，计算机技术及网络技术的利用和有效性，使用网络来获得性满足以及没有意识到已经处于问题使用阶段（Pratarelli et al., 1999），但是该问卷还缺乏相关的实证研究的支持。

Huang 等人（Huang, Wang, Qian, Zhong, Tao, 2007）编制的中国网络成瘾量表（CIAI）和 Demetrovics 等人（Demetrovics, Szeredi, Rózsa, 2008）编制的病理性网络使用问卷（PIUQ）中皆参考了 Young 的 IAT 量表。

而杨晓峰等（2006）编制的大学生网络成瘾量表则是以在中国广泛使用的陈淑惠编制的中文网络成瘾量表（CIAS）提出的架构为主，并参考 Young（1996）、Brenner（1997）等人的观点，结合开放式问卷资料和个别访谈的结果编制而成。该量表包括 6 个因子：耐受性、人际、健康和学业问题、强迫性、戒断性、突显性、时间管理问题，共 30 个项目，采用 5 点计分（1= 完全不符合，2= 不太符合，3= 一般，4= 比较符合，5= 完全符合）。量表总的 Cronbach α 系数为 0.949，分半信度分别为 0.898 和 0.915，各个因素 Cronbach α 系数在 0.773 ～ 0.861 之间，5 周的重测信度为 0.810，显示其信度较好。

第二节 青少年网络成瘾的流行状况

一、我国青少年网络成瘾的流行情况

目前，我国的青少年网络成瘾问题不容乐观，有相当多的研究者针对不同地区的不同样本进行了调查研究，总体上来说，青少年网络成瘾存在普遍偏高的趋势，但因调查地域和使用工具的不同而使得结果有所差异。

　　研究者（Liu，Fang，Zhang，& Deng，2012）采用结构性问卷调查的方式，对大规模的青少年样本进行调查后发现，我国青少年的网络成瘾率为8.6%，雷雳等在北京用其自编的青少年病理性互联网使用量表进行的调查中发现青少年的网络成瘾检出率仅为5.8%（雷雳，杨洋，2007），而罗江洪和吴汉荣在武汉用 Young 的 IAT 测查中学生发现其网络成瘾率为9.0%，其中半数以上为游戏成瘾，并且性别差异显著（罗江洪，吴汉荣，2007）；范方和苏林雁等（范方，苏林雁等，2008）用青少年网络成瘾预测问卷对长沙市1363名初中学生进行施测，结果成瘾及成瘾倾向为13.8%，6个月后的再测结果为15.4%；宋桂德和李芮等人在天津市区随机抽取6所中学和中专、大专、大学各1所共8694名学生进行问卷调查发现，处于青少年时期的学生（中专、初中和高中）的网络成瘾检出率最高，其中中专为11.69%，初中和高中分别为5.98%和5.95%。按学习阶段和性别加权，网络成瘾的检出率为6.90%，其中男性为9.50%，女性为4.17%（宋桂德，李芮等，2008）。刘辉等用中国疾病预防控制中心提供的青少年健康相关行为调查问卷对江苏省的18102人进行调查，发现上网率为74.0%，而成瘾率为8.3%，男生高于女生。李永占（2007）抽取郑州市区2所高中封闭式学校（重点、普通高中各1所）和4所开放式学校（普通、职业高中各2所），共6所学校的784名高中生，发现网络成瘾者68人，全体有效被试网络成瘾率为8.7%，男生网络成瘾率显著高于女生，重点高中网络成瘾率显著低于全体被试，而职业高中网络成瘾率则显著高于全体被试，封闭式学校网络成瘾率显著低于开放式学校。中国青少年网络协会主要采用面询调查，辅助于网络调查的方式，于 2010 年 1 月发布的《2009 年青少年网络调查报告》显示，目前，我国城市青少年网民中网瘾青少年约占 14.1%，人数约为 2404.2 万，这一比例与 2005 年基本持平。在城市非网瘾青少年中，约有 12.7% 的青少年有网瘾倾向，人数约为 1858.5 万。

综合国内外的研究结果，青少年网络成瘾的比例可能大概在 8% ～ 14% 之间，男生的成瘾比例要稍高于女生，存在一定的学校类型和年级差异。

而目前研究中的成瘾比例在一定的区间内仍有所出入，原因可能有以下几个方面：（1）测量所使用的测量量表的不同。虽然有较大部分研究都使用的是 Young 提出的 8 道题目的诊断量表及标准（罗江洪，吴汉荣，2007），但由于其过于简单的缘故，使得鉴别力下降；同时，更多的研究者是根据自己的研究侧重对量表进行修订或者自编诊断量表（范方，苏林雁等，2008；雷雳，杨洋，2007；李永占，2007），因此即使调查的是相同的群体，得到的比例也可能有不同；（2）抽样地区及群体的不同。由于网络成瘾与教育程度及整体经济水平有较为密切的关系，因此存在不同的地区差异及人群差异；（3）调查手段的不同。网上调查（刘辉等，2006；青少年网络使用协会，2007）与传统调查相比（雷雳，杨洋，2007；范方，苏林雁等，2008），其所得的成瘾比例要高于传统的调查方式；（4）调查时间的不同。由于网络发展及应用非常迅速，也越来越普及和渗透到生活的方方面面，因此最新的调查结果可能和若干年前的调查结果有所差异。

二、国外青少年网络成瘾状况

研究显示，不仅在中国，青少年的网络成瘾在全球范围内都是

一个日渐严峻的问题。美国的研究显示，青少年的网络成瘾率在
6%～14%之间（Young，1998；Scherer，2009）。在希腊12～18
岁青少年中，网络成瘾的检出率为11%，具有成瘾倾向的为8.2%
（Siomos，Dafouli，Braimiotis，Mouzas，& Angelopoulos，2008）。
韩国的青少年网络成瘾率在10.3%～24%之间，高于世界平均水
平，这和韩国相对便捷的网络联结和简单的网络准入有关（Ahn
&Kim，2000；Kim et al.，2006；Park，Kim，& Cho，2008）。
对荷兰的青少年在2008和2009年的两次追踪调查，发现网络游
戏成瘾率为3%（Schoenmakers，Vermulst，Eijnden，& Mheen，
2010）。对澳大利亚的高中生、大学生进行的流行性调查发现，
电脑游戏、网络游戏成瘾比率为5%和4.6%（Thomas & Martin，
2010）。综合来看，网络成瘾的检出率和网络的接入速度、经济发
展水平有一定的关系，并且随着网络的普及和接入速度的加快，这
一比例可能会逐渐增加。从全世界范围来看，各国的青少年网络成
瘾问题均不容忽视。

第三节 青少年网络成瘾的危害

　　青少年处于人生发展的关键时期，其形成的价值观、行为方式
等会影响一生的发展。而许多研究表明大部分成瘾行为从青少年时
期开始，且一直延伸到成人，给个体健康及社会造成危害。
　　网络成瘾虽不同于物质成瘾，不会对成瘾者的身体有迅速而
明显的破坏和伤害，但研究显示，当个体对网络由心理依赖转化
为生理依赖后会出现头昏眼花、双手颤抖、疲乏无力、食欲不振
等症状。此外，长时间在电脑前僵坐容易引起腕关节综合症、背

部扭伤、视力下降、暗适应能力降低等不良生理反应（谢延明，2002）。但更为严重的是，网络成瘾对青少年的人格发展、学习生活、人际关系等方面会带来巨大的影响，甚至会造成伤人杀人的严重后果（杨海燕，李志强，2002；贾军朴，张世吉，2003）。

一、对人格发展的影响

艾里克森（Erikson，1968）的心理社会性发展阶段理论指出，青少年期的发展课题是同一性对角色混乱。充分完成阶段任务的结果是，自我认同感形成，明白自己是谁、接纳并欣赏自己。但是如果青少年过度使用互联网，一方面会占用这一专心自我探索任务的时间和精力，使青少年对这一问题的思考进一步延迟；另一方面，由于网络的虚拟性、匿名性等特点，个体可能会由于扮演过多的角色而有自我全能的感觉或幻想无限的自我，从而无法确定或限定自我定义、自己力所能及的一切选择和决断（张国华，雷雳，邹泓，2008）。

Young 与 Rodgers（1998）采用 16PF 进行调查，发现成瘾者在自律性（self-reliance）、情绪敏感性和反应性（emotional sensitivity and reactivity）、警觉性（vigilance）、低自我暴露性（low self-disclosure）和独立性（non-conformist）5 个维度的人格特征上得分更高。网络依赖者往往是抽象思维者，较少遵守社会习俗，而且对他人的反应较为情绪化；相对来说，他们是更加敏感的、警觉的和内向的个体。Young 据此认为，那些具有很强的抽象思维能力的网络使用者在面对网上无限多的数据库和信息资源时会陷入一种心理亢奋状态，这种状态的持续和反复可以形成病态网络使用，倾向于独处和倦怠社交的人也有可能成为病态网络使用者。林绚晖（2001）发现大学生的网络成瘾在 16 PF 的推理能力（B）、支配性

（E）与非网络成瘾相比有显著差异。谭文芳（2006）也发现网络成瘾与神经质呈正相关。

根据卡内基梅隆大学对过度使用互联网的人的研究以及匹兹堡大学的研究，网络成瘾者往往具有下列人格特点：喜欢独处、敏感、倾向于抽象思维、警觉和不服从社会规范等。同时，如果青少年过多地使用网络上的暴力和攻击内容（如网络游戏等），则会形成或增强他们对于攻击性的积极评价，增强青少年的攻击性倾向，并最终可能影响其人格（胡海龙，2006；魏华，张丛丽，周宗奎，金琼，田媛，2010）。

同时也有研究者专门针对人格变量和网络使用进行了文献综述和回顾，作者根据艾森克的人格三因素理论模型梳理了已有相关的人格变量和网络使用行为之间关系，作者认为人格是一个较为稳定的特质，个体在与电脑和网络的交互互动过程中，网络特点和人格特点会互相作用，并带来较为复杂的结果（Orchard，Fullwood，2010）。

二、对学业表现的影响

网络最开始应用于校园是秉着促进学习和方便师生间沟通的初衷，但是调查却发现 86% 的受访者（包括老师、图书管理员和计算机协调员）相信青少年的电脑使用并没有改善其学业表现（Barber，1997）。同时研究者发现，青少年学生主观报告的互联网对于他们日常生活的负面影响主要体现在学习和生活规律上（Chou，& Hsiao，2000）。Young 发现 58% 的学生报告由于过度使用网络而造成他们的学习习惯下降、分数大幅下滑、错过上课时间等问题（Young，1996）。同时，网络成瘾还会造成青少年的逃课和离校行为增加（Kim & Kim，2003）。国内研究显示，日均上网超过 4 小时就会对学业有所影响，直接导致学业成绩下降，过度上网的学生对学习更加不感兴趣（吕媛，易银沙，邓昶等，2004），同时减少了学习时间而花费增加（池桂波，王声湧，赵德龙等，2001）。有不少研究者综述了电脑科技发展和电脑使用对儿童和青少年学业表现的影响，其中还包括元分析研究，但是结果同样不令人乐观。Roschelle 和他的同事发现，尽管有研究得出了科技发展能够在一定程度上促进学生的信息搜索技能和学习技能，但是整体上促进效果不大（Roschelle，Pea，Hoadley，Gordon，& Means，2000）。

三、对人际关系的影响

"社会存在理论"（Social Presence Theory）和"社会环境线索理论"（Social Context Cues Theory）认为，与面对面交流相比，以计算机为媒介的交流由于缺乏语音线索，个体的社会存在感就会减少，人就会变得更加冷漠（Hiltz，Johnson，& Turoff，1986；Short，Williams，& Christie，1976）。媒介丰富性理论（Media richness theory）认为，评判媒介丰富与否的标准包括及时反馈、能够传播多种线索、自然语言的运用和个体对媒介的关注等。依据这一理论，面对面交流是最丰富的媒介，CMC 缺少很多重要的特征信息和线索。这些理论奠定了网络使用对于人际交往的基本影响。

实证研究结果也显示，网络成瘾会对青少年的人际交往有较大影响。一般说来，会导致青少年的孤独感和抑郁情绪增加，使其社会卷入的下降，降低心理幸福感（Nie，Erbring，2000；Kraut，1998）。Turkle（1996）也发现青少年过度上网交友将导致社会疏离和社会焦虑。与此类似，Elisheva（2002）发现，与网络聊天对象的关系越亲密，日常生活中的社交焦虑程度以及在学校的孤独感就越高。网络交往依赖程度能够显著正向预测现实中人际交往的困扰程度（李菲菲，2010）。

由于相对地在网络上投入的时间和精力过多，研究者还认为网络成瘾会给青少年造成以下的不良影响（李万兵，2006；王蔚，2002）：（1）引发个体心理的孤独感和压抑感，导致自我封闭，形成社交心理障碍。（2）引发人际交往中的责任危机和信任危机。网络社会的虚拟性和道德规范的弱化，使青少年以游戏心理进行网络人际交往，这种交往模式如果没有得到现实的矫正和改变，就会使其形成固定的交往模式，从而引发现实中的责任危机和信任危机。（3）导致情感危机，陷入网恋误区。由于网络交往的便利和不受空间限制等特点，使得青少年很容易找到和自己所谓志同道合的同龄人，从而陷入网恋的漩涡。

除此之外，近年来关于 facebook 的研究发现，个体在社交网站拥有的朋友数量并不能够直接反映个体的社会支持情况，同时也较少有个体会直接利用社交网站来建立亲密关系（Pennington，2009）。甚至有可能由于个体过度关注其他人的状态，沉迷于网络社交，其个体自身的亲密关系和一般人际交往均会受到影响。但是也有研究者认为社交网站能够有助于个体表达真实的自我，能够有助其维持和建立基于网络发展起来的亲密关系（McKenna，Green，& Gleason，2002），但是这种真实的自我表达会受到个体的社交网站使用动机的影响，更多高的真实自我表达的个体报告说其使用社交网站的动机是建立新的人际关系和维持已有的亲密关系（Tosun，2012）。

四、对家庭的影响

在现代社会，大部分青少年都是家庭当中的独生子女，自然而然成了家庭关注的焦点。青少年网络成瘾对家庭的冲击和影响可想而知。最直接的影响是,由于过度沉迷网络,在网络中的时间过多,从而减少了原本和家人朋友在一起的时间,增加了疏离感。其次,青少年网络成瘾导致亲子冲突加剧,亲子间的关系恶化(Yen,Yen,& Chen,et al,2007)。此外,亲子关系带来的矛盾冲突也有可能增加青少年在网络上的危险行为,并进一步导致家庭内部的矛盾加剧(程绍珍,杨明,师莹,2007)。同时,有研究发现,父母自身的网络使用行为和对网络使用的态度会对青少年的网络成瘾具有直接的影响。当父母自身行为和对网络使用态度相一致时,即父母较少使用网络且不支持父母使用网络时,父母的规则会保护青少年较少地网络成瘾;但是当父母行为和态度不一致时,即父母经常使用网络但是不允许孩子使用网络时,则更多的是父母的行为能预测孩子的网络成瘾(Liu,Fang,Deng,Zhang,2012)。但是大多数情况下,由于工作原因父母的网络使用不可避免,因此如何教育好孩子,并控制孩子的网络使用,也成为夫妻间冲突的一大原因。

除了以上所提及的负面影响之外,网络中良莠不齐的海量信息也会给青少年的价值观形成带来影响。尤其是,青少年由于处于青春期,对于性相关信息的主动兴趣,使得其有可能在互联网上接触到不健康的色情信息,并对其发展产生不利影响。Young 的研究发现,在网络性成瘾者中,就有不少有青少年时期接触色情网站的经历(Young,2008)。

第三章

青少年网络成瘾的机制梳理

第一节 网络成瘾的理论模型

目前在网络成瘾领域，有不少研究者分别从不同的视角，基于不同的思路提出了自己的理论模型，试图来为网络成瘾的发生和维持提供较为完整的理论解释。

一、基于互联网本身特点的理论

（一）ACE 模型

该模型由网络成瘾著名学者 Young 提出，属于较为早期的理论。Young（1999）认为网络导致用户成瘾具有三个特点，分别是指匿名性（Anonymity）、便利性（Convenience）和逃避现实（Escape）。匿名性是指人们在网络里可以隐藏自己的真实身份，因此，用户在网络里便可以做任何自己想做的事，说自己想说的话，不用担心谁会对自己造成伤害。便利性是指网络使用户足不出户，动动手指就可以做自己想做的事情，比如网络色情、网络游戏、网上购物、网上交友都非常方便。逃避现实是指当碰到倒霉的一天，用户可能通过上网找到安慰。因为在网上，他们可以做任何事，可以是任何人，这种自由而无限的心理感觉引诱个体逃避现实生活而进入网络的世界。

（二）网络的去抑制效应

Suler（2004）提出网络所具有的六大特征会使网络存在去抑制效应，从而使得个体的在线行为，尤其是在线交往行为受到比现实中更少的约束和限制。网络的六个特质包括：匿名性、隐蔽性、异步性、自我中心式的反馈、发散的想象性和降低的权威性。这些因素都会影响个体在网络上表现出和线下或者真实的自己不太一样的行为。而网络的去抑制化效应已经被证明和网络成瘾存在相关。

二、基于使用者特征的理论

（一）"富者"更富理论

Kraut 等人（1998，2002）经过追踪研究发现，研究的结果证实了网络使用对个体的影响符合"富者更富"（Richer get richer）模型，即对于外向的人和有较多社会支持的人来说，使用网络会产生较好的结果，而对于那些内向和较少社会支持的人来说，使用网络反而使结果更糟糕。如其研究结果发现，外向的人，网络使用越多，孤独感会越低；而内向的人，网络使用越多，则孤独感越高。该研究表明，网络使用的影响会因个体特质而异。

（二）艾森克人格理论

Orchard 和 Fullwood（2010）在综述了目前有关于网络使用和人格特征相关研究之后提出，艾森克的三因素理论是目前研究媒体偏好和个体特征相对来说最合适的人格理论，并认为其在网络使用的研究中也发挥了重要作用。其综述后发现，内向的个体相对来说会更偏好于网络交往；神经质得分高的个体看重网络交往，但是不喜欢网络讨论，同时其有可能使用网络来逃避孤独感；而精神性较高的个体似乎对网络没有特别的兴趣，其网络使用行为呈现出分散性。同时，进一步的研究发现，内向性和神经质等人格特质均能预测网络成瘾。

三、基于行为发展过程的理论

（一）认知 - 行为模型

Davis 提出认知 - 行为模型来解释病态网络使用（pathological internet use，PIU）的发展和维持（Davis，2001a）。如图 3-1 所示，该模型将影响 PIU 的因素分为近端因素和远端因素。病理性网络使用行为（PIU）受到不良倾向（个体的易患素质）和生活事件（压力源）的影响，它们位于 PIU 病因链远端，是 PIU 形成的必要条件。个体易患素质指当个体具有抑郁、社会焦虑和物质依赖等素质，则更容易发展出病态网络使用的行为。压力源（紧张性刺激）指不断发展的互联网技术。模型的中心因素是适应不良的认知（maladaptive-cognition），它位于 PIU 病因链近端，是 PIU 发生的充分条件。Davis 认为 PIU 的认知症状先于情感或行为症状出现，并且导致了后两者。有 PIU 症状的个体在某些特定方面有明显的认知障碍，从而加剧个体网络成瘾的症状。该模型还对特殊 PIU 和一般性 PIU 做了区分。

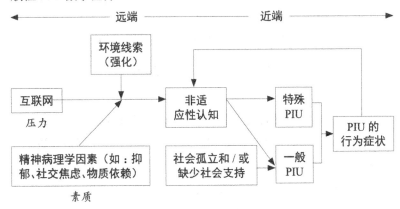

图 3-1　Davis 认知 - 行为模型

（二）阶段理论

Grohol（1999）提出了阶段模型，认为所谓网络成瘾只是一种阶段性的行为，如图 3-2 所示。该模型认为网络用户大致要经历 3 个阶段，第一阶段是着迷阶段，网络新手被互联网迷住，或者有经验的网络用户被新的应用软件迷住；第二阶段是觉醒阶段，用户开始避开导致自己上瘾的网络活动；第三阶段是平衡阶段，用户的网络活动和其他活动达成了平衡。Grohol 认为所有的人最后都会到达第三个阶段，但不同的个体需要花不同的时间。那些被认为是网络成瘾的用户，只是在第一阶段被困住，需要帮助才能跨越。

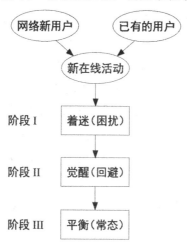

图 3-2　网络成瘾的阶段模型

（三）社会 - 认知理论模型（social-cognitive model）

Bandura（1986，1999，2001）提出的社会 - 认知理论模型对互联网心理学的研究具有广泛影响。研究者在互联网使用研究中引入了社会 - 认知理论为理论框架（Eastin，2001；Larose，Maestro，Eastin，2001）。社会 - 认知理论强调行为、环境以及个人决定物

（自我调节、预期、自我反应与反省等）三者之间交互作用。在社会 - 认知理论框架内，互联网使用被概念化为一种社会认知过程，积极的结果预期、互联网自我效能、感知到互联网成瘾与互联网使用（如以前的上网经验、父母与朋友的互联网使用等）之间是正相关；相反，消极的结果预期，自我贬损（self-disparagement）及自我短视（self-sighted）与互联网使用之间是负相关（Eastin，2001）。这反映了互联网使用可能是自我调节能力的一种反映。Bandura（2001）认为现代社会中信息、社会以及技术（信息技术）的迅速变化促进了个体自我效能感与自我更新（self-renewal），并且较好的自我调者可以扩展他们的知识与能力，较差的自我调节者可能落后。

四、基于行为动机的理论

（一）沉浸理论

沉浸理论最先由 Mihaly Csikszentmihalyi 在 1975 年提出，解释人们对于某种活动会完全投入其中，集中注意力并会过滤和屏蔽不相关的知觉。后有研究将沉浸理论引入到网络游戏行为的动机问题的研究中，结果发现，如果人们在网络游戏中进入了一种"沉浸状态"，就会延续游戏行为（Choi & Kim，2004）。沉浸理论解释了当人们在进行某些日常活动时为何会完全投入情境当中，集中注意力，并且过滤掉所有不相关的知觉，进入一种沉浸的状态（Moneta & Csikszentmihaly，1996）。挑战与技巧是影响沉浸的主要因素，若挑战太高，个体对环境会缺少控制能力，从而产生焦虑或挫折感；反之，若挑战太低，个体会觉得无聊而失去兴趣。在两者平衡的状态下，个体就会有一种"最佳体验"（optimal experience）（Caikszentmihalyi，1990）。Choi 和 Kim（2004）认为最佳体验的实现是网络游戏行为的关键动机。但是该理论并没有得到一致的研究结果。在其后的研究中，Wan 和 Chiou（2006）得出了与此相悖的结论：虽然"沉浸状态"在网络游戏行为中得到证实，但是网络游戏成瘾者的沉浸状态并不是显著高于非成瘾者，因而该研究者不认为沉浸状态的实现是网络游戏行为的主要动机。近年来有不少研究者均关注沉浸状态对网络游戏成瘾的影响。研究发现，沉浸对网络游戏成瘾有直接的预测作用，并还能够中介挑战性和控制性等变量对网络游戏成瘾的作用（魏华，周宗奎等，2012）。

（二）使用 - 满足理论

Morris 和 Ogan（1996）借用 McQuail 的"大众沟通的游戏理论"（Play Theory in masscommunication）和"使用 - 满足"理论来解释网络成瘾现象。使用 - 满足理论有两个重要假设：（1）个体选择媒介是以某种需要和满足为基础的，个体希望从各种媒介资源中获得满意感或接受信息；（2）媒介是通过使用者的意图或动机而发挥作用的，它将焦点从媒介的直接作用中得到需求的"被动参与者"转向媒介使用中的"积极参与者"，强调了个体的使用和选择。McQuail，Blumler 和 Brown（1972）证明媒介满足了个体的以下需求：解闷和娱乐（Diversion，逃离日常事务的限制，逃离问题带来的负担和情绪释放）；人际关系（Personal Relationship，陪伴和社交）；个体认同（Personal Identity，个人自我认同，对现实的探索，以及价值感的增强）。

Surveillance 等（转引自 Song，2003）指出所有的媒介使用者本质上都有五类相同的需要：一是认知需要，即增加信息、知识和理解力有关的需要；二是情感需要，即与增强美感、愉悦和情绪经验有关的需要；三是个体整合需要，即与增强可信度、自信、稳定性和地位有关的需要，是认知和情感因素的整合；四是社交整合功能，即与增强和家庭、朋友和世界的联系有关的需要；五是与逃离或释放紧张有关的需要。

（三）心理需求的满足补偿理论

需求满足补偿理论是近年来提出的基于需求满足的理论模型。研究者（万晶晶，2007）通过对1183名大学生的调查研究发现，大学生普遍存在8种需求，分别为权力需求、认同需求、迎接挑战需求、人际交往需求、逃避现实需求、自主需求、认知需求和成就需求。不同需求的现实缺失情况和网络满足情况有所不同。但是，总体上而言，在心理需求缺失与网络成瘾的关系中，网络满足补偿起到了完全中介作用，即存在心理需求补偿机制：其心理需求在现实中没得到满足而在网络上得到了较好的满足（万晶晶，方晓义等，2010）。具体而言，网络成瘾组的影响力、自我认同、迎接挑战、人际关系和消除苦闷等需求都存在这种补偿作用。目前，心理需求的网络满足补偿理论因为比较了不同需求满足途径的作用，并强调了网络在需求满足上的优势，正激发了一批学者对该理论的进一步的验证性研究。

第二节　网络成瘾的影响因素相关研究

由于网络成瘾给青少年的身心健康造成了很大的危害，许多专家学者日益重视这方面的研究，对青少年网络成瘾原因进行了多方面的探讨。目前针对网络成瘾的相关因素的研究，有不同的研究者分别从环境因素（王立皓等，2003；张兰君，2003 年；雷雳，李宏利，2004）、个体因素（林绚晖，2001；毕玉等，2005；张宏如，2003）等方面进行了研究，并得到了较为丰富的结果。此外，互联网自身的特点也是研究初期关注的一个重要的方面，但主要集中于理论论述，实证研究较少。

一、环境因素

（一）家庭因素

目前关于家庭因素的研究主要集中于父母教养方式、家庭关系和家庭功能三个方面，其他所涉及的内容包括父母监控、家庭结构（如父母婚姻状态）和家庭经济状况等人口学变量。

研究发现，父母教养方式和青少年网络成瘾相关显著。总体来看，网络成瘾组在惩罚严厉、过分干涉、过分保护、拒绝否认、缺少温情等维度上显著高于非成瘾组，而父母的过分干涉、拒绝否认、父亲的惩罚严厉和母亲的缺少温情都和青少年网络成瘾相关显著（何传才，2008；王新友，李恒芬，肖伟霞，2009；李冬霞，2007；苏梅蕾，洪军，薛湘，李恩泽，2008），但是父亲缺少温情、母亲的惩罚严厉、过分保护与青少年网络成瘾是否相关还需进一步探讨（赵艳丽，2008；郎艳，李恒芬，贾福军，2007；陶然，黄秀琴，张慧敏等，2008；杨春，2010）。还有研究发现，父母的监控和约束可以预测男女生的网络成瘾，而忽视和物质奖励可以正向预测女生的网络成瘾（李彩娜，周俊，2009）。以上结果的不一致一方面来源于被试群体的差异（杨丑牛，袁斯雅，冯锦清等，2008；王鹏，刘璐，李德欣等，2007），另一方面，可能也意味着，在家庭因素中，还存在着和青少年网络成瘾相关更近端的因素，需要进一步探索。

研究者大多采用家体环境量表（FES）研究家庭关系与青少年网络成瘾的关系（李永占，2007）。研究发现网络成瘾高中生在亲密度、情感表达、独立性、知识性、道德宗教观、组织性6个因子上的得分显著低于非成瘾组，而在矛盾性和控制性上显著高于非成瘾高中生（程绍珍，杨明，师莹，2007）。罗辉萍、彭阳（2008）的研究结果更发现在依恋关系上，成瘾组的母爱和父爱缺失、父亲拒绝、母亲和父亲的消极纠缠、对父母愤怒均高于正常组。而使用家庭亲密度量表的研究发现，住院的网络成瘾青少年家庭亲密度和适应性都低于正常家庭（梁凌燕，唐登华，陶然，2007），家庭依恋中的焦虑性能正向预测青少年的网络成瘾（楼高行，王慧君，2009）。

在家庭功能方面，主要采用 FAD 量表。结果发现，成瘾青少年家庭在问题解决、家庭沟通、角色、情感反应、情感介入、行为控制及总功能方面均差于非成瘾青少年家庭（范方，苏林雁，曹枫林等，2006；樊励方，2006；李海彤，杜亚松,江文庆，2006；蔡佩仪，2007）。

从以上研究结果不难看出，家庭是影响青少年网络成瘾的重要因素。但是，家体因素和青少年网络成瘾之间的作用机制，具体的影响途径究竟是如何起作用目前尚不清晰，需要进一步的研究进行探讨。

（二）社会支持

研究者主要从在线和离线、主观和客观两个方面对社会支持与网络成瘾的关系进行了探讨。汤明（2000）发现网络依赖性与在线孤独感、社会支持之间呈显著负相关，但与离线孤独感、在线社会支持之间呈显著正相关，具体来看，父母卷入与同伴卷入对青少年网络成瘾具有明显的预防作用（雷雳和李宏利，2004）。此外，研究发现，成瘾组的社会支持总分、主观支持均低于非成瘾组（何传才，2008；王立皓等，2003；蔡佩仪，2007），而在客观支持和支持利用度上存在争议，有结果认为网瘾组低于非成瘾组（何传才，2008），或没有显著差异（王立皓等，2003；蔡佩仪，

2007)。综合来看,高成瘾倾向青少年获得更少的社会支持和感受到更少的社会支持,在对网络成瘾的影响上,主观体验到的支持可能比实际的支持更为重要。近年来,对于社会支持的研究也已经扩展到了网络社会支持。研究发现,现实中的社会支持类型同样也能在网上找到(Turner,Grube,& Meyers,2001)。虽然由于网络交往中的去抑制性、身体缺场、弱联系、高自我暴露和高亲密感的特点,使得通过网络所感受的社会支持和现实世界的社会支持存在差异(Mickelson,1997;丁道群,2002)。但有关于网络社会支持对网络成瘾影响的研究,得到了和现实社会支持类似的结果。研究者认为网络是个体获得社会支持的重要途径(Morahan-Martin & Schumacher,2000),网络社会支持与网络成瘾倾向存在显著相关(肖宁,2010)。但也有研究者发现二者相关不显著,认为在网络中感知到自己有较高的社会支持的人觉得自己的需求已经得到满足,不会继续要求在网络上获得支持,因而不会网络成瘾(方紫薇,2010)。因此,二者之间的关系还有待进一步的纵向研究和实验研究的证实。

二、个体因素

(一)人格因素

多数研究都发现,网络成瘾者往往具有某些特殊的人格特征,比如忧虑性、焦虑性、自律性、孤独倾向。庞海波(2010)以《卡特尔十四种人格因素问题》为工具的研究结果表明:网瘾组学生在忧虑性、适应性与焦虑性得分显著高于非成瘾组,自律性得分显著低于非成瘾组;在孤独倾向、身体症状、冲动倾向等因子的得分亦显著高于非成瘾学生。雷雳,杨洋等(2006,2007)的研究发现神经质人格与互联网社交、娱乐和信息服务偏好存在显著的交互作用：对于低宜人性人格的青少年来说，互联网社交服务偏好不易导致其成瘾，而对高宜人性人格的青少年而言，则相反。此外，外向性、神经质也会影响青少年的网络使用偏好（雷雳，柳铭心，2005）。

感觉寻求也被认为与成瘾行为相关。石庆馨等（2005）采用Zuckerman的感觉寻求量表，对北京市两所普通中学的307名中学生的调查研究发现，感觉寻求的不甘寂寞分量表与网络成瘾的相关显著。

（二）生理因素

研究者也关注了网瘾者可能存在的一些生理特点。王晔和高文斌（2008）发现心率变异性可以作为评估青少年是否网络成瘾的重要参考指标。同时，网络成瘾者在不接触网络时脑电的复杂性较低；而在使用网络之后，他们脑电的复杂性也明显增加到与非成瘾者相当的水平（郁洪强，赵欣，詹启生，刘海婴，李宁，王明时，2008；赵欣，2007）。成瘾者还表现出明显的Nd170的左脑区优势（赵仑，高文斌，2007）。另外，网络成瘾者的注意功能有所下降，并存在一定的注意偏向（张智君，赵均榜，张锋，杜凯利，袁旦，2008），并有可能存在感觉功能的易化（贺金波，郭永玉，柯善玉，赵仑，2008；赵欣，2007）。与未网络游戏成瘾的大学生相比，网络游戏线索能够有效诱发网络游戏成瘾的大学生某些脑区，如扣带回、眶额皮层、左枕叶的楔叶，左背外侧前额叶、海马旁回、内侧额叶、中央后回，楔前叶等脑区的活动；与中性控制线索相比，网络游戏线索能够有效诱发病理性网络游戏使用大学生某些脑区，如左额下回、左海马旁回、颞叶、丘脑、右侧伏隔核、右侧尾状核和小脑等脑区的活动水平（Feng，Chen，Sun，，Zhou，，Sun，Ding，et al.，2013；Han，Hwang，Renshaw，2010；Han，Kim，Lee，

Min, & Renshaw, 2010)。同时，研究者还将网络成瘾者与其他行为成瘾进行了比较，以确认其脑电特征。采用和正常组相比较的方法，网络成瘾在丘脑、海马旁回、左侧背外侧前额的激活与物质成瘾和赌博成瘾前两者类似（Han, Bolo, Daniels, Arenella, Lyoo, & Renshaw, 2011）；同样基于正常被试的对比研究发现，网络成瘾者的奖惩机制也存在差异（Dong, Huang, Du, 2011）；更进一步的研究，也采用了线索诱发范式，比较了网络成瘾和尼古丁依赖的混合组与正常组，发现游戏渴求和吸烟渴求均能使混合组被试在双侧海马旁回上有更高的激活（Ko, Liu, Yen, Yen, Chen, & Lin, 2013）。这些研究结果均能够帮助我们更好地理解网络成瘾发生机制的生理基础。

（三）心理动力因素

人格因素和生理因素在很大程度上对于个体来说是稳定的特质，不太可能改变，对于网络成瘾行为的干预启示有限。因此研究进一步关注个体内在的心理动力因素。有研究者（才源源，崔丽娟，李昕，2007）发现，青少年网络游戏行为的心理需求主要由现实情感的补偿与发泄、人际交往与团队归属需要以及成就体验三个因素构成，且青少年对网络游戏的心理需求程度与其对网络游戏的使用程度显著相关。万晶晶等人（2010）进一步发现网络在个体的需求满足上可能存在着现实不能比拟的优势，而正是该满足优势的存在，使得个体沉迷网络。由于该因素关注个体内在心理过程，并且涉及动机中最基本的需求因素，正受到广大研究者的关注。在下文中本书将进一步深入阐述。

三、关于影响因素研究的小结和评论

从以上研究不难看出，目前针对网络成瘾影响因素的研究，不同的研究者分别从互联网自身的特点、环境因素和个体因素等方面进行了研究，并得到了较为丰富的结果。但是综合以上研究可以发现，目前的研究大多是从某一个角度来探讨网络成瘾机制，而无系统地进行整合研究。但从个体的发展来说，既受到外部环境的影响，同时也受内部因素作用，内外因之间交互作用共同影响个体发展（朱智贤，1979）。有研究者（徐耀聪，余雯雯，王立新，2007）综述了国内网络成瘾的相关研究后提出，只有将内因和环境因素等外因相结合的角度进行研究，才能尽可能深入地揭示网络成瘾的成瘾机制。同时程麟（2007）对1998—2006年国内外关于网络成瘾的文献进行元分析之后也提出应进行多角度的整合研究才是未来网络成瘾研究的发展方向。因此，本书将从外因和内因结合的系统角度对网络成瘾进行探讨。

外部环境中，家庭因素是青少年问题行为的最重要原因（Aaron，Sarah，John，& Howard，2006），但在网络成瘾领域，涉及家庭因素的研究并不多（Weitzman，2000；程绍珍，杨明，师莹，2007；李永占，2007；李丹，周志宏，朱丹，2007）。在这些与家庭相关的研究中，涉及家庭变量包括父母教养方式、亲子关系、亲子沟通和父母监控等方面，随着发展心理学中家庭研究的兴起到现在，越来越多的研究者主张从亲子间的互动而非父母单方面的影响角度去探讨家庭对青少年儿童的影响（梁贞巧，伍辉燕，2008）。因此，本书将重点考查家庭中的互动变量，即亲子关系和亲子沟通对青少年网络成瘾的影响。

从内部因素上来看，心理需求是人类动机系统中非常重要的驱动力，其已被证明是青少年行为尤其是媒体使用相关行为的内在推动力量（Przybylski，Rigby，& Ryan，2010）。因此本书将从家庭因素和需求动力两个方面分别综述与之相关的研究。

第三节　外因研究：亲子互动与网络成瘾的关系

一、理论研究：相关的亲子互动理论

（一）系统家庭治疗理论

系统家庭治疗采用系统论观点，把个体心理治疗所强调个人的观点扩大到研究个人在其主要组织如婚姻和家庭中所扮演的角色和本质（Liddle，1971）。家庭治疗聚焦于家庭的结构与规则，家庭的交流与沟通，家庭成员间的关系、角色与情感，家庭的生命周期，家庭的功能、问题与适应等，思考家庭中的人际关系是怎样或至少部分地造成症状问题。家庭治疗把个人行为视作整个家庭反复交互作用的结果，即家庭成员的症状行为不单单是个人内在正反力量相抵抗的结果，而是家庭人际间挣扎的产物（Minuchin，&Simon，1986）。

系统家庭治疗认为青少年的问题行为是家庭系统中问题的表征，家庭因素是其问题行为的最重要原因，尤其强调家庭结构和亲子互动。近年来，越来越多的研究者重视家庭在青少年中的行为成瘾和药物成瘾中的作用（Barker & Hunt，2004）。

（二）社会发展模型

社会发展模型（The social development model）是一个针对反社会行为和其他问题行为发展起来的一个综合性模型，包括不同阶段不同社会领域的主要影响因素，主要涉及个体、家庭、学校和同伴等方面（Hawkins & Weis，1985)。该理论认为，反社会行为和其他问题行为的发生发展都需要经过四个发展阶段，每个阶段都和家

庭、个体、学校以及同伴之间的互动和关系有关。其中，社会发展
模型尤其强调家庭环境对个体问题行为的影响，当青少年在早期有
以下情况出现时就很容易和问题行为尤其是有毒品使用等成瘾行为
的同伴建立联接：（1）在家庭中没有足够的交往和互动机会；（2）
没有足够的技能可以在家庭中得到奖赏和鼓励；（3）在和父母及老
师的互动中很少获得巩固和强化。因此该理论强调家庭内部，尤其
是亲子之间的沟通以及父母的正向鼓励对于青少年问题行为的作用
（Catalano & Hawkins，1996）。

以上理论都强调亲子互动和青少年问题行之间的关系，而且
有研究证明，网络成瘾和药物使用之间共享了相似的家庭影响因
素，并认为药物使用和网络成瘾应一同归为行为问题综合症之内
（Yen，Yen，& Chen，et al.，2007）。但是到目前为止，还没有具
体针对网络成瘾和家庭因素之间的理论模型出现，相关的理论研究
还处于探索阶段。

二、实证研究：与网络成瘾有关的家庭因素

前人研究表明，家庭环境对于青少年网络成瘾具有较高的预测
性（Young，1999；Nam，2002）。但是由于西方文化的独特性，
在网络成瘾领域，并没有特别关注家庭环境对于青少年网络成瘾的
影响，而是更多地将焦点放在问题更为严重的毒品使用领域中家庭
环境所起的作用（Hoffmann，Robert，Johnson，1998；Thomas，
2003；Nancy，2007）。已有研究表明，家庭因素是青少年物质滥
用的最重要影响因素，以家庭为基础的干预也为戒除物质滥用的干
预方法做出了重要的贡献（Lochman，& Steenhoven，2006）。但有
研究者对比研究了有网络成瘾行为和药物滥用行为的青少年，结果
发现网络成瘾和药物滥用共享了相似的家庭因素，其中包括亲子

冲突、兄弟姐妹间的酒精使用行为、青少年感知到的父母对于物质使用的态度以及不良的家庭功能（Yen，Yen，& Chen，et al.，2007）。这就意味着，家庭在网络成瘾的作用可能还未被充分发掘和重视。

曾有研究（Weitzman，2000）根据 Olson 的环状理论及 Bowen 的家庭系统理论分析了原生家庭的功能及个体自我分化与网络成瘾的关系，结果发现网络成瘾与个体的自我分化有显著关系，但是与原生家庭的功能没有关系。这也可能是西方国家不太关注家庭环境的一个原因。目前来看，关于家庭环境对青少年网络成瘾的影响的研究主要集中亚洲国家和地区，如韩国、中国和中国台湾等。在这些国家和地区中，家庭对青少年的问题行为的形成和发展产生了重大的影响。研究发现，家庭环境和网络成瘾之间相关显著（程绍珍，杨明，师莹，2007；李永占，2007；李丹，周志宏，朱丹，2007）。

在家庭环境中，父母的作用无疑是巨大的。父母在儿童青少年社会化过程中发挥中关键作用，其所提供的情感联结、行为限制和榜样示范均影响了孩子在自我约束、情感表达和对行为和关系的期待的发展（Gray & Steinberg，1999；Hawkins & Weis，1985）。社会控制理论是问题行为领域中非常有影响力的理论之一，该理论认为父母与孩子的联结能够通过使孩子意识到问题行为对他们自己和他人关系的影响，从而能够保护孩子发展出问题行为（Hirschi，1969）。从家庭系统的角度来看，父母和孩子之间的互动，尤其是亲子关系和亲子沟通是其中两个重要的因素。发展心理病理学家 Masten 与 Garmezy 提出，亲子关系是造成儿童发展问题和心理病理问题最有影响力的因素（Masten & Garmezy，1985）。Olson（1984，2000）提出的关于家庭功能的环状理论认为沟通在促进家庭关系亲密度和适应性上面起到了重要的作用，家庭成员通过沟通来表达亲密，也通过沟通来处理与适应有关的问题。目前的研究也表明亲子沟通和亲子关系是青少年网络成瘾的重要保护性因素（Kim，2001；Park，Kim，& Cho，2008）。

（一）亲子沟通

国外有关家庭亲子沟通与儿童发展关系方面的研究表明，亲子沟通的内容和质量和儿童的社会性发展（Noom，1998）、吸烟（Fearnow，1998）、饮酒（Brody，Hollett et al.，1998）、药物滥用 (Thomas，2001) 以及问题行为（Hartos & Power，2000）等都有显著负相关。同时，一项针对家庭沟通和青少年的反社会行为、抑郁、社会退缩等危险因素之间关系的研究，通过结构方程模型和其他统计手段的分析发现，在模型中家庭沟通对危险因素有决定性的作用。国内的研究也发现，亲子沟通和青少年的吸烟（方晓义，2001）、社会适应 (雷雳等，2002)、学业表现（辛自强，1999）等均相关显著。

目前，网络成瘾领域的研究也已经发现，家庭内部的沟通是网络成瘾的重要影响因素（Kim，2001；Cho，2001；Nam，2002；Hwang，2000；Kim & Kim，2003）。过度的网络使用会减少家庭沟通（Krout et al.，1998），当个体对其社交互动不够满意时，网络成为了面对面互动之外的选择（Papacharissi & Rubin，2000）。有研究者对 903 名初中生和高中生进行的问卷调查研究发现，网络成瘾组、成瘾倾向组和不成瘾组三组之间的家庭沟通差异显著。事后检验发现，只有成瘾组和不成瘾组、成瘾倾向组和不成瘾组之间差异显著，而成瘾组和成瘾倾向组之间差异不显著（Park，Kim，& Cho，2008）。但是该研究采用的是 10 个项目的家庭沟通和联结量表来测查亲子沟通，没有区分父母亲的差异情况。但是研究发现，亲子沟通的频率（Shek，2000）、内容（Noller & Callan，1991）、青少年沟通的主动性（Noller & Bagi，1985）以及沟通的满意度（Noller & Callan，1990）都受到沟通对象的影响，即父母之间表现出差异。因此有必要对父母分别进行亲子沟通的探讨。同时 Park（2008）的研究也发现和父母沟通的时间长短和网络成瘾并无显著相关。这意味着沟通的质量比沟通的时间对于网络成瘾的影响可能更为重要。这些结果均提示我们，在以后的研究中可以对亲子沟通也区分父母亲的情况并进行沟通内容上的细分，可能会得到更为丰富的结果。最近的一项研究亦表明，在同时考虑了父母的网络使用行为、父母对于孩子的网络使用规则之后，亲子沟通均是对青少年网络成瘾最有力的预测因素（Liu，Fang，Deng，& Zhang，2012）。

（二）亲子关系

青少年儿童发展领域的研究表明，亲子关系和青少年的问题行为有着显著的相关关系。有高质量亲子关系的儿童通常会表现出较高的社会技能和较少的问题行为（Pianta，Harbers，1996；Pianta，Niemtz，Bennett，1997；Schneider，Atkinson，Tardif，2001），而目前网络成瘾领域的研究也开始关注亲子关系对青少年网络成瘾的影响，但实证研究还只是处于起步阶段。

较多数研究采用家体环境量表（FES）来测查青少年的家庭关系（李永占，2007）。有研究发现网络成瘾与非网络成瘾组高中生在亲密度、情感表达、独立性、知识性、道德宗教观、组织性 6 个因子上的得分显著低于非成瘾组高中生，而在矛盾性和控制性两个因子上的得分显著高于非成瘾组高中生（程绍珍，杨明，师莹，2007）。但罗辉萍和彭阳（2008）的研究同样使用家庭环境量表，结果上却有所出入，网络成瘾组只在家庭矛盾性上得分显著高于正常组，在依恋关系上，成瘾组的母爱缺失、父爱缺失、父亲拒绝、母亲消极纠缠、父亲消极纠缠、对母亲愤怒、对父亲愤怒得分均高于正常组。也有研究者使用家庭亲密度量表测查家庭关系，发现过度使用网络住院青少年的家庭亲密度和适应性低于正常家庭（梁凌燕，唐登华，陶然，2007），这提示家庭环境中的依恋和情感表达等因素和网络成瘾相关。而采用依恋量表来探讨亲子关系和青少年网络成瘾关系的研究发现，家庭依恋中的焦虑性因子能预测青少年的网络成瘾（楼高行，王慧君，2009）。对高职生的研究发现，家庭中的亲密度和情感表达能显著负向预测其网络成瘾（张海涛，苏苓，王美芳，2011）。以上的研究结果表明，亲子间的关系和网络成瘾的相关显著。发展领域里的相关研究也显示，亲子关系是青少年儿童的问题行为的重要预测变量（陈立民，2007；East，1991；叶一舵，白丽英，2002）。因此有必要对亲子关系和网络成瘾的关系进行针对性的系统的研究。

但是从以上的研究可以看出，大多数研究均采用家庭环境量表中的亲密性来表述亲子关系（李永占，2007；程绍珍，杨明，师莹，2007；罗辉萍，彭阳，2008；张海涛，苏苓，王美芳，2011），除此之外，在家庭因素中，目前关于青少年问题行为与亲子关系的研究，经常是将亲子关系与父母教养方式相混淆起来，由父母教养方式来推及亲子关系（MIChelle，2001），或者用亲子依恋来代替亲子关系（Rosenstein & Horowitz，1996；楼高行，王慧君，2009），而较少将亲子关系单独作为特定变量来研究。从以上的文献综述中，可以看到目前研究中的一个关于亲子关系概念中的混淆状况。亲子关系的概念有着广义和狭义之分，广义的亲子关系囊括了家庭内部所有的亲子互动，包括父母教养方式对孩子的影响、亲子监控以及亲子沟通、亲子依恋等多个方面，以上研究所涉及的亲子关系大多表示的是广义的亲子关系，因此所用的量表虽然都测查亲子关系但是具体内涵上却有较大差异，这样就会导致亲子关系上的研究结果无法直接比较。而狭义的亲子关系是主要是指亲子间的情感依恋，Olson（1984）提出用父母和孩子间的关系亲密度来测量亲子关系，指亲子间的情感关系现状。本研究的亲子关系是指狭义的亲子关系，因此所选用的量表也是用亲子间的亲密度来测量。

综上所述，亲子间关系和亲子间沟通均能预测青少年的网络成瘾，根据 Olson（2000）对环状理论的修正模型中的定义，本研究将亲子关系和亲子沟通涵括到亲子互动的概念中，定义亲子互动是指亲子间的关系质量和互动过程的统合，其中亲子关系是互动的现状变量，主要考察亲子间目前的关系状态；亲子沟通是互动的过程变量，主要考察亲子互动中的语言沟通和情感表达。

（三）性别差异效应

由于父亲和母亲在家庭中的角色作用的差异，近年来越来越多研究关注到父母对孩子的不同影响，尤其是关注父母性别对不同性别青少年的影响。母亲相对来于父亲来说，在家庭关系中似乎更能卷入、更能发挥作用和具有影响力（Stoker & Swadi，1990；Williams & Kelly，2005）。但是也有越来越多研究发现，父亲对孩子的认知和情感发展均具有重要影响（Paquette，2004；Grossmann，Grossmann，Fremmer-Bombik et al.，2002）。在这些研究中，父子关系，而不是母子关系，在对青少年的学校适应、应对策略尤其是焦虑和退缩行为的作用中起到了强的预测作用（Grossmann et al.，2002）。然而与此同时，青少年与母亲的关系也被认为比与父亲更亲密、有更多的卷入，同时也更有冲突性（Smetana，Campione-Barr，& Metzger，2006；Shek，2000）。刘勤学和方晓义等研究者（2013）探讨了父母对不同性别青少年网络成瘾的影响，结果发现父亲对青少年的网络成瘾具有较强的保护作用，其中父子关系能够显著负向预测男女两性青少年的网络成瘾、父亲的网络使用行为与女孩的网络成瘾正相关，而母亲的网络使用行为则能正向预测男女两性青少年的网络成瘾。以上结果均说明，对于父母对青少年的影响差异来说，可能存在着相对独立的工作模型。

第四节　内因研究：心理需求满足与网络成瘾的关系

"需要可被定义为一种生物的或心理的需求；一种剥夺状态，它激励一个人采取朝向某个目标的行动"（Darley 等，1990）。张氏心理学辞典（1989）对于心理需求的解释为促使个体行为的内在动力，是个体内在的一种匮乏状态。处于需要被唤醒的缺乏状态之中的有机体是否产生具体的行为还要取决于它是否意识到有实现的可能性，即是否有诱因的存在。所以动机才是有机体行为的直接原因，动机作用过程是有机体通过有目的的行为获取诱因，克服需要缺乏状态的过程。

按照心理学揭示的规律，需要引起动机，动机支配行动，行动又指向一定的目标。这意味着需要是人的行动的原动力，动机是推动和维持人的某种活动以满足一定需要的内驱力。本研究关注的是青少年的心理需求，指的是青少年心理上的某种剥夺状态，涉及人类的一些主要的需要，与青少年的发展阶段相关的、青少年评价为重要的那些需求。这些需求将激励青少年朝向某个目标进行行动。

虽然目前国内外关于需求的界定和研究不少，然而综合关于需求的研究成果（Ilardi, Leone, Kasser & Ryan, 1993；Kasser & Ryan, 1996；Kasser, & Ryan, 1999；Deci & Ryan, 2000；Doyal & Gough, 1991），我们仍可以得出需求具有如下基本特征：

第一，指向性。人的任何需求都是指向一定对象的。这些对象可能是物质的，也可能是精神的。可能是追求某种事物或活动，也可能是逃避某一事物或活动。

第二，层次性。一般来说，低层次需求往往是一些与个体的生存和延续有关的需要，而高次需求则是与个体的成长与发展有关的需求。物质的需求被认为是低层次，而精神的需求则被认为是高层次的需求。

第三，发展性。人的需求总是由低级向高级发展的。一般情况，人的需求是按照自然需要—社会需要—精神需要向前发展的。

第四，共同性和差异性。需求的共同性是指人与人之间的需要总体上看是相同的。例如：只要人们在社会上生活，就有对衣、食、住、行的需要；对学习、工作或娱乐的需要；对友谊、理解、尊重的需要。需求的差异性是指每个人由于生理条件、生存环境不同，心理状态不同，人与人之间的需要就表现出差异。有时表现为不同个体主导需要的差异；有的表现为同一需要程度上的差异；有的表现为需要性质上的差异。

第五，环境诱导性。需求的环境诱导性是指个体的需要受环境的影响而产生、变化和发展，例如从众消费就是一种诱导作用下的消费活动。需求往往受时代、风俗和流行趋势等社会环境的影响。

第六，动力性。需求是个体缺乏某种事物时的状态。当个体与环境之间的平衡关系被打破，就体现为缺乏，而个体为了生存、发展就必须与所处的环境尽量保持平衡，为了达到这种平衡就必须采取行动，因而可以说需要是活动的内在动力，是人的积极性的源泉。

一、理论研究：网络成瘾的心理需求满足理论

如前所述，目前有研究者提出了有关网络成瘾的需求理论，为方便读者更能理解理论研究和实证研究之间的关联，再简述如下：

（一）Suler 的网络成瘾理论

Suler 认为个体本身对网络的渴望和热情有可能是健康的、病理性成瘾的，或者二者之间。而决定个体处于该连续体中的哪个位置，则是由个体的需求种类以及网络如何满足个体的这些需求。基于马斯洛的基本需求理论，其通过对于在线社区的行为和动机分析，认为人们之所以会网络成瘾，是因为网络也可以满足了人们的以下基本需要：①性的需要；②改变感知体验的需要；③成就和控制的需要；④归属的需要；⑤人际交往需要；⑥自我实现和自我超越的需要（Suler，1999）。

（二）网络成瘾的使用 - 满足理论

Morris 和 Ogan（1996）借用 McQuail 的"大众沟通的游戏理论"（Play Theory in masscommunication）和"使用 - 满足"理论来解释网络成瘾现象。"使用 - 满足"理论有两个重要假设：（1）个体选择媒介是以某种需要和满足为基础的，个体希望从各种媒介资源中获得满意感或接受信息；（2）媒介是通过使用者的意图或动机而发挥作用的，它将焦点从媒介的直接作用中得到需求的"被动参与者"转向媒介使用中的"积极参与者"，强调了个体的使用和选择。McQuail，Blumler 和 Brown（1972）证明媒介满足了个体的以下需求：解闷和娱乐（Diversion，逃离日常事务的限制，逃离问题带来的负担和情绪释放）；人际关系（Personal Relationship，陪伴和社交）；个体认同（Personal Identity，个人自我认同，对现实的探索，以及价值感的增强）。

（三）自我决定理论

自我决定理论是美国心理学家 Edward Deci 和 Richard Ryan 在 1980 年代提出的一种关于人类自我决定行为的动机过程理论（Deci & Ryan，1985）。自我决定理论认为个体可以在充分认识个人需要和环境信息的基础上，基于经验自由做出选择。其强调个体的自我决定程度，并认为环境可以通过满足个体的三种基本需要来增强内部动机。这三种基本需要包括：自主需要、胜任需要和归属需要。这些基本需要的满足程度能够直接影响个体的内部动机和可能带来的积极的心理和行为结果（Deci & Ryan，2000，2008）。近年来，自我决定理论已经激发了很多研究者在不同行为研究领域的研究灵感并得到了丰富的结果。因此，有研究者也将自我决定理论用于网络对个体的基本需要的满足以及由此带来的网络使用行为（Shen，Liu，Wang，2013）。

（四）网络成瘾的心理需求满足补偿理论

万晶晶（2007）通过对 1183 名大学生的研究发现，大学生普遍存在 8 种需求，分别为权力需求、认同需求、迎接挑战需求、人际交往需求、逃避现实需求、自主需求、认知需求和成就需求。不同需求的现实缺失情况和网络满足情况有所不同。进一步的研究发现，与非成瘾者个体相比，成瘾者的心理需求的现实满足较低，而网络满足更高（万晶晶，张锦涛，刘勤学，方晓义，2010）。个体本身的需求程度和需求缺失并不是导致网络成瘾的主要原因。与现实满足相比，网络所具有的满足优势才是主要原因。即存在着网络在心理需求满足中的补偿机制：其心理需求在现实中没有得到满足而在网络上得到了较好的满足。

二、实证研究：心理需求满足和网络成瘾的关系

有研究者尝试在心理需求的相关理论基础上进行实证研究以探讨青少年的心理需求满足和网络成瘾的关系。

（一）与网络使用有关的心理需求

刘新颖（2005）从网络游戏者的角度探讨其心理需求满足，认

为网络游戏能够在体验不同角色、自我实现、满足快感和释放潜意识、交往等四个方面满足了游戏者的这些需求。此后有研究者（周灿华，蔡浩明，2007）分析了CNNIC1997年的网络调查报告数据后指出，网络使用者有着普遍的心理需求，包括交流心理、好奇心理、求知心理、移情心理、补偿心理等；同样，有研究者（刘亚丽，2009）从理论的角度对这一问题进行了分析，认为青少年的网络心理需求和马斯洛提出的需求理论密切相关，并提出网络可以很好地满足青少年的生理（尤其是性的满足）、安全、归属和爱、尊重以及自我实现的需要。

才源源等人（才源源，崔丽娟，李昕，2007）对高中生和大学生的一个调查显示，青少年网络游戏的心理需求主要有现实情感的补偿与发泄、人际交往与团队归属、成就体验三个方面组成。这样的一个研究结果也得到了其他研究的支持，对南京市5所中学6个班的762名学生的调查研究发现青少年网络游戏心理需求由对现实状况的补偿、人际交往与团队归属、成就体验三个维度组成（李菁，2009）。

（二）心理需求满足与网络成瘾的关系

柳艳艳（2008）从网络使用动机的角度对585名大学生进行问卷调查，结果发现，自我肯定、商品资讯、匿名交往和虚拟社群等动机与网络成瘾呈正相关，自我肯定和社会学习动机对大学生网络成瘾具有一定程度的预测作用。在台湾大学生的网络使用研究中（Chou, Chou, & Tyan, 1999），也发现网络成瘾与逃避、人际关系、整体沟通需要正相关，而且网络成瘾学生比非网络成瘾者主要花更多的时间在BBS和网聊中。

刘儒德等人（Shen, Liu, Wang, 2013）基于自我决定理论，采用问卷调查的方法研究了小学生的需求满足与网络使用的关系。

研究发现，心理需求的网络满足能够正向预测的更多的网络使用和更积极的网络情感体验；而需求的现实满足则能够预测更少的网络使用时间、更少的消极情感和更多的积极情感。该研究结果提示网络使用和需求的网络满足有关，同时会有情感体验的卷入。

万晶晶（2007）深入探讨了大学生网络成瘾的心理需求补偿机制，其研究发现，网络成瘾大学生中存在心理需求的网络满足补偿机制：其心理需求在现实中没有得到满足，而在网络上得到了较好的满足。心理需求现实缺失越多，则网络满足优势越大，从而导致大学生网络成瘾趋势越严重（万晶晶，张锦涛，刘勤学，邓林园，方晓义，2010）。

从以上研究可以看出，网络成瘾者的心理需求在网络上得到满足是其成瘾的重要原因，同时可能网络满足相对现实满足来说，在心理需求满足上具有一定的满足优势。那么，在青少年与现实环境进行互动的过程中，网络满足优势是如何发挥作用的？在现实满足和网络满足的两种条件下，青少年选择心理需求的满足途径时是否存在中介变量？在网络满足优势存在的情况下，哪些变量可以有效阻止这一作用途径？这些都是心理需求满足领域尚不明确的问题。

第四章

网络成瘾的干预研究现状

第一节 个体干预

在网络成瘾的个体治疗领域里面，有研究分别从心理治疗和药物治疗的角度进行了尝试。其中心理治疗中认知疗法是应用较为广泛的治疗方法。Young、Davis 和 Hall 等人分别提出了自己的认知行为疗法的理念。

Young（1998a）认为，考虑到网络的社会性功能，很难对网络成瘾采用传统的节制式干预模式。根据其它成瘾症的研究结果和他人对网络成瘾的治疗，Young 提出了自己的治疗方法：（1）反向实践（practing the oppotiste）。网络成瘾常见的问题是有一个固定的上网模式，这种模式通常与他的成瘾行为有密切联系。成瘾者需要把在成瘾时所固定的上网时间和地点的习惯都要改变过来。这个方法的目标是通过打乱原有的习惯并且重新适应新的上网模式，使原有成瘾所伴随的外在条件受到破坏。（2）外部阻止物（external stoppers）。利用成瘾者必须做的某种具体事情，来敦促他停止上网。如果成瘾者必须在早上 8：00 去上班，可以让他在 7：00 上网，只给他留下 1 个小时。这种方法的危险是他可能会不够自觉，忘记了应该去做那件事了。如果是这样的话，可以让闹钟来帮忙。（3）设定时间限制（set time limits）。很多人都尝试过限制自己的上网时间却失败了，原因在于制定的减少上网时间的计划比较模糊（比如每周只上多少小时的网），没有具体说明这些时间是如何分配的。为了避免网瘾复发，制定的目标不仅要合理，而且要有结构。（4）制定任务优先权（set task priorities）。设定了清楚的时间限制后，在这些时间里做什么事情也要有具体计划。让成瘾者准备一个上网任务次序表，来帮助他每次上网时达到目标。概要写出哪些是上网时必须做的事情，然后这些事情按重要性排出先后。（5）使用提醒卡（reminder cards）。在很多情况下，成瘾者由于具有错误的思维方式，往往会夸大面临的困难，并缩小克服困难的可能性。为了帮助成瘾者将精力贯注在减轻和摆脱成瘾行为的目标上，可以让成瘾者分别用两张卡片列出网络成瘾导致的五个主要问题和摆脱网络成瘾将会带来的五个主要方面的好处。然后，让成瘾者随身携带这两张卡片，时时处处约束自己的行为。（6）个人目录（personal inventory）。让成瘾者列出网络成瘾之后被忽略的每一项活动，并按照重要性进行排序。然后，让成瘾者说出最重要的活动对其生活质量有何重要意义。通过这样的训练，可以让成瘾者意识到自己以前在成瘾行为与现实活动之间所做的选择。更为重要的是，可以让成瘾者从真实生活中体验到满足感和愉悦感，从而降低其从网络环境中寻求情感满足的内驱力。（7）支持群体（Support Groups）。让个体参加诸如互助小组、独身者协会、陶艺班或者宗教团体等，提高个体结交具有类似背景的朋友的能力，从而减少对网络群体的依赖。（8）家庭疗法（Family Therapy）。主要包括以下几个方面的问题：让家人明白网络具有强烈的致瘾倾向；减少对成瘾者的责备；与成瘾者就其成瘾的原因进行开放的交流；鼓励家人通过倾听成瘾者的感受，与之外出度长假或帮助其培养新的爱好等措施促进其恢复的进程。这是从时间控制、认知重组和集体帮助的角度提出的不同方法，强调治疗应该帮助患者建立有效的应付策略，通过适当的帮助体系改变患者上网成瘾的行为。Young（2007）采用 CBT 方法对 114 名网络成瘾患者进行干预，共进行 12 次在线咨询，并追踪 6 个月，结果发现来访者通过咨询后在改变的动机、网络时间管理、社会孤立、性功能和问题上网行为的戒除上都有明显改善。

Davis（2001a）提出了"病态互联网使用的认知 - 行为模型"，并在这个模型基础上提出了互联网成瘾的认知行为疗法（Davis，2001b）。他把治疗过程分为七个阶段，依次是：定向、规则、等级、认知重组、离线社会化、整合、总结报告。整个治疗过程需要 11 周完成，从第 5 周开始给患者布置家庭作业。这种疗法强调弄清患者上网的认知成分，让患者暴露于他们最敏感的刺激面前，挑战他们的不适应性认知，逐步训练他们上网的正确思考方式和行为。

Hall 和 Parsons（2001）认为认知疗法很适合那些有上网问题的人。他们的具体方法包括：诊断与评估，当前的问题和社会功能，成长史，认知的情况（自动化思维、核心信念、规则等），将认知情况与成长史进行整合和概念化，制定治疗的目标。他认为多数咨询师都多少知道一些认知疗法，因此较为适合用来干预网络行为依赖。

Van Rooij 和 Zinn 等人（2012）评估了荷兰的 CBT 的疗法的治疗效果，该治疗方法整合了认知行为治疗、动机激发方法以及生活方式训练。通过网络招募的 17 个被试中的 12 个完成了所有的 10 周的个体门诊治疗，其治疗过程中主要关注其控制和降低网络使用、扩展现实生活中的社交联系、重建合适的日常生活框架、结构性地使用空闲时间和认知的再定义。其质性的评估发现治疗师认为该方法能对网络成瘾具有一定的改善作用，来访者也对其带来的行为改变较为满意。

除此之外，也有研究者针对目前大多数均采用认知行为的方法来治疗网络成瘾的现状，提出了使用存在主义疗法来治疗，并认为存在主义具有其自身的优势。Didelot 等人（2012）认为存在主义是较为适合用来治疗网络成瘾的方法。因为当个体联结到网络，登录 facebook、myspace 等网站，或者进行其他相关网络使用时，其实际上是逃离了真实的自我。个体可能是处于不同的原因来逃离真实的自我，但是成瘾性行为却是可以看作是个体对自我不满意或者自我拒绝的病理性结果。于是个体就会尝试填补空虚或者建立一个假的自我来作为补充，并带来自我认同的危机。而存在主义疗法可以很好地帮助个体重建自我认同，并强调合理健康地应对生活和网络所带来的矛盾。

上述研究者都提出了各自的治疗方法，但是大多为理论建构，或者治疗效果还有待进一步的验证。目前我国针对网络成瘾青少年的个体干预主要集中在医疗系统，即面向前来医院就诊的个体。治疗方式分别是认知行为治疗的咨询干预、住院式的综合治疗等方式。

有研究者（杨容等，2005）报告了由临床心理咨询师采用认知行为治疗对住院青少年进行的干预研究，根据来访者人格特质、成瘾程度、进展情况不同分 6～8 次不等，每周进行 1 次，每次 1～2 小时。整个干预过程由诊断、治疗、结束三阶段组成，诊断阶段以药物治疗为主，治疗、结束阶段据进展情况逐渐加入认知行为的心理治疗。成瘾中学生治疗后，总成瘾程度及各因子评分均较治疗前明显下降，治疗前后差异显著，且治疗后 SCL-90、SDS 分数都有显著降低。而同样以认知行为治疗作为咨询干预理论针对网络成瘾门诊青少年的研究报告也发现实验组 YDQ（修订 Beard 的网络成瘾诊断问卷）和 CIAS 总分较治疗前明显下降，CIAS 量表各因子分均有下降，而且治疗后实验组 YDQ、CIAS 评分低于对照组；显效率为 59.1%（26 例），总有效率达 88.6%（39 例）（李庚，2009）。

此外，也有研究者尝试用音乐治疗的方法来帮助成瘾青少年。一个案例报告显示，经过每周 1 次，1 次 1 个半小时，共 3 个半月的咨询后，来访者精神上恢复到以前状态，与父母可以互相理解，消极情绪减少，日常学习和生活比较正常（姚聪燕，2010）。

杨放如和郝伟（2005）采用焦点解决短期疗法对网络成瘾青少年进行心理社会综合干预，疗程 3 月，用网络成瘾诊断问卷（AD-DQ）、SCL-90 症状自评量表评估其心理健康状况和临床疗效。在心理治疗开始阶段，与患者每周晤谈 1 次，每次时间不少于 1 小时，1 个月后视患者改善情况改为每周或每 2 周晤谈 1 次。每次晤谈的治疗过程均书面记录，采取结构式治疗程序，主要包括：开场、陈述症状、讨论例外、使用奇迹提问、使用量表、中场休息、赞赏、布置家庭作业等 SFBT 常规技术。经治疗后，网络成瘾青少年的 AD-DQ 评分、上网时间较治疗前有明显下降，说明以焦点解决短期疗法为主的心理社会综合干预对网络成瘾青少年有一定效果。

也有研究者尝试用药物来治疗网络成瘾。Osso 等人（Osso，Altamura，et al.，2008）采用一种抗抑郁药（依他普伦）来治疗网络成瘾，19 个被试在连续服用了 10 周药物并停药 9 周之后发现，药物对于网络使用时间的改善发生在服药阶段且差异显著，并且与安慰剂组差异显著；强迫性倾向和总分上的改善也较好。Han 等人（Han，Li，Na，et al.，2009）采用兴奋类药物（MPH）来治疗具有 ADHD 和网络游戏成瘾共病者，进过八周的治疗发现，网络成瘾分数和网络使用时间均有显著的降低，而这些变量的改变和 ADHD 症状上的得分变化显著正相关。研究推测网络游戏可能是 ADHD 孩子用于自我调节的一种方法，并非常谨慎地建议可以考虑用 MPH 来作为治疗网络成瘾的可能方法。

Han 和 Renshaw（Han & Renshaw，2012）采用安非他酮来治疗同时网络游戏成瘾和抑郁的个体，研究采用双盲的随机实验组和安慰剂对照组设计，两组都辅以网络使用的教育辅导。治疗研究一共包括 12 周，其中 8 周的用药和干预和之后的 4 周追踪。研究结果发现，在治疗期间，网络成瘾量表和网络游戏使用时间均有显著降低，贝克抑郁量表得分也显著降低，且均和对照组差异显著。但是在追踪期，安非他酮对网络游戏使用的作用得以保持，但抑郁症状却复发了。研究结果显示对于这样共病个体的治疗可能还需要更进一步的探讨。

以上研究结果都显示了不同的个体干预方法具有一定的效果，但是，由于面询干预模式的有效性很大程度取决于咨访关系的质量以及咨询师的个体特质，因此，很难去评估在针对网络成瘾青少年的咨询中的独特的有效性因素，从而也为有效的干预模式的形成造成一定的阻碍。

第二节　团体干预

团体干预是治疗成瘾行为的主流模式（Fisher & Harrison，1997，2000），因此也被大量引入网络成瘾的治疗，其中认知行为的团体治疗是研究者使用最多的干预方式。

一、认知行为疗法

杨彦平（2004）采用认知行为治疗方法对 15 名网络成瘾的中学生进行为期 3 个月的团体干预（共计 17 次，每周 1 次，每次 1

小时）。通过团体心理辅导后，成瘾者在自我灵活性、人性哲学和网络依赖等方面得到了显著改进，但是追踪研究发现部分学生有成瘾反复。

白羽和樊富珉（2005）也提出了采用团体辅导的方式对网络依赖者进行干预。他们编制了《大学生网络依赖团体辅导技术手册》，根据认知行为疗法以及个人中心疗法为理论依据，对 24 名网络依赖大学生进行为期 1 个月共 8 次的团体辅导，并在团体辅导开始时、团体辅导结束时、团体辅导结束后一个半月时进行前测、后测及追踪测试。数据分析的结果显示，团体辅导前实验组与对照组网络成瘾得分无显著差异，在辅导结束及结束后 6 周，实验组网络成瘾得分显著低于对照组；实验组内干预前、后及 6 周追踪测试 CIAS-R 得分有显著差异，对照组内三时间段网络成瘾得分无显著差异（白羽，樊富珉，2007）。

曹枫林等人（曹枫林，苏林雁，高雪屏，王玉凤，2008）采用认知取向的团体治疗对长沙市的网络成瘾中学生进行干预，其中实验组为 29 名，对照组 35 名。实验组进行每周 1 次共计 8 次的团体治疗，对照组则接受学校常规的心理健康教育。研究结果发现实验组的成瘾程度和对照组的实验组学生治疗后显效 15 例，有效 5 例，无效 6 例；对照组则分别为 2 例、7 例、22 例。两组显效率及无效率差异显著。同时实验组学生治疗前后的儿童焦虑性情绪障碍量表得分均差异显著，但是在长处和困难问卷得分中只有情绪症状分量表评分显著低于干预前，而多动注意障碍和品行问题则没有改善。Du 等人同样基于认知行为治疗（CBT）的团体治疗（Du, Jiang, & Vance，2010）对 56 名 12 ～ 17 岁的中国上海青少年进行实验组和对照组设计的干预。实验组包括 8 次的学校环境下的认知行为团体治疗，而对照组不接受任何处理。前后测及 6 个月的追踪测查发现，实验组和控制在网络使用时间上没有显著差异，两个组均有下降。但是实验组在时间管理技能以及情感、认知和行为症状上有较为显著的改善。

除了针对一般性的网络成瘾进行干预研究外，研究者采用了认知行为取向的团体治疗对成年男性的网络性成瘾进行了干预（Orzack，Voluse，Wolf，& Hennen，2006）。35个被试，平均年龄为44.5岁，分为五个组接受整合了CBT、动机激发访谈以及改变训练（readiness to change）在内的共16周的治疗。研究结果发现该治疗方法能够显著地改善参与者的生活质量，降低其严重的抑郁症状，但是却对其网络使用行为的降低没有大的作用。研究者根据参与者的其他共病症状分类后发现，焦虑和情绪障碍的个体能够有较大的改善，但是ADHD个体则没有显著效果。

二、现实疗法

Kim（2008）采用基于现实疗法的WDEP模型大学生进行准实验前测-后测控制组设计的团体干预（共计10次，每周2次，每次时长60～90分钟）。研究发现，实验组与控制组在其自编的测查网络成瘾程度的K-IAS量表的7个子量表上都差异显著，实验组的即时后测自尊分数显著高于前测，甚至高于控制组。国内学者（徐广荣，2008）也用现实疗法的理念对大学生进行10次的团体辅导，但是并没有报告其实际的干预效果。

除了以上提及的以认知行为疗法和现实疗法为理论基础的团体干预之外，还有研究者对青岛市麦岛精神病院就诊的网络成瘾的中学生15人进行为期3个月、共12次的团体心理干预，并选择无网络成瘾的学生15人为对照组。团体心理干预后网络成瘾青少年生活无序感、心理防御方式和人际关系评分均较干预前降低（于衍治，2005）。杜亚松等人（2006）采用多种干预手段，包括心理辅导老师每周安排固定时间以"网络兴趣小组"的形式开展对网络过度使用学生、网络过度使用倾向学生的干预；班主任以发展性的班会课形式对网络正常使用学生予以指导，而心理辅导老师也会介入班主任的工作中，事先予以资料分析与说明；医生则负责家长群体，协商时间每两周进行一次干预，在学校的家长会或者家访时先对之予以专门介绍。但是这个研究采用的方法过于复杂，难以推广，其次只是对干预的过程进行研究，没有用量化指标来考察干预的效果.

以上研究都显示出团体辅导在治疗网络成瘾，尤其是学生的网络成瘾方面具有一定的优势，同时由于团体的结构化特征，使得有可能形成实际可操作可推广的团体干预方案。

但是，以上团体干预研究除少数研究外，都没有直接报告网络成瘾行为的改善效果，而只是报告了相关因素的前后测差异，这在一定程度上影响了对该方案的有效性评估。同时，目前针对青少年的团体干预，都只是采用了单一的实验组和对照组的方法，而没有将不同理论基础的团体干预方案进行对照，这是目前的干预研究中的局限。同时，青少年网络成瘾是一个庞大的群体，团体治疗的研究报告都少有形成可操作性的治疗手册可供推广，亦是一大遗憾。这些在以后的干预研究中，都需要研究者进一步的努力和完善。

三、家庭治疗

家庭治疗是以家庭为对象实施的心理治疗模式，不局限于家庭全部成员或者整个家庭的来访，不着重个体内在的心理状态与问题的分析，而是将治疗焦点放在家庭成员的互动与关系上，并重视家庭功能的正常运转和家庭内在结构的合理正常化构建。家庭治疗采用家庭系统的观点来看待所出现的问题或者症状，认为个体的改变有赖于整个家庭的改变。

Young（1998a）提出家庭治疗是针对网络成瘾的五种有效方法之一，我国学者也多次提出并论述家庭治疗在网络成瘾治疗中的有效性（郭斯萍，余仙平，2005；张凤宁，张怿萍，邹锦山，2006；徐桂珍，王远玉，苏颖，2007），但是实证的干预研究并不多，目前还处于探索阶段。

卓彩琴和招锦华（2008）采用家庭治疗理论对三个不同类型家庭的网络成瘾青少年进行了治疗，取得了良好的效果。杨放如和郝伟（2005）采用焦点解决短期疗法为主并与家庭治疗结合的方法对52例网络成瘾青少年进行心理社会综合干预，疗程为3月。治疗显效率和总有效率分别为61.54%（32例）和86.54%（45例），无效7例。但是在治疗过程中，因为结合了多种方法，因此无法说明家庭治疗所起到的具体作用。

徐桂珍等人（2007）将对父母的家庭教育纳入到住院网络成瘾青少年的治疗当中，要求至少父母一方陪同孩子参与治疗，结果发现父母参与组与对照组之间的疗效差异显著。

高文斌等人（2006）在"失补偿"假说的指导下，结合临床研究结果，制订了"系统补偿综合心理治疗"方案。通过筛选与匹配有65人/家庭进入研究范围，其中38人/家庭接受了完整的"系统补偿综合心理治疗"，并进行了为期半年以上的追踪。在接受心理治疗前，对每个参加者进行了入组评估与基线心理测量，治疗结束后1个月、3个月、6个月后分别进行了阶段性追踪回访。结果发现，38人中34人（89.5%）在各方面有明显改善，同时也还存在4人（10.5%）未明显改善。研究者将家庭纳入干预的尝试值得提倡，但是该研究并没有采用家庭治疗的理念和方法来进行严格的团体方案的设计，只是把患者的家庭成员纳入干预范围。因此严格说来，这还不是真正意义上的家庭治疗。

Shek 等人（2006）采用单组前后测的准实验研究设计对 58 名网络成瘾被试进行了干预研究，该干预研究整合了个体咨询、家庭治疗、团体辅导以及兴趣课堂等多种方式，历时 15 ～ 19 个月。研究结果发现整体而言，参与者的网络成瘾均有显著的降低，但是网络相关行为和信念以及主观幸福感在前后测却没有显著变化。研究建议不同水平的干预方案可能会有助于青少年网络成瘾的改善。

由以上研究可以看出，家庭治疗可能是一种有效的网络成瘾的干预方法，但是到目前为止，还处于尝试和探索阶段，还有待探索更加有效和结构化的治疗方案和推广方式。

第三节　家庭团体干预

一、家庭团体干预的发展过程

家庭团体干预兴起于 1960 年代，是家庭治疗和团体治疗的一种整合形式，其要求是至少 3 个以上的家庭组成的团体，家庭成员中至少有 1 个是被诊断的患者，或者需要帮助的当事人，这些家庭来探讨共同的团体话题和经历。最早关于家庭团体的描述来自于 1953 年 Abrahams 和 Veron 的关于患有精神分裂的女儿和她们的母亲组成的家庭小组，但其治疗师当时关注的是母亲和女儿之间的关系，而非这样一种团体在治疗中的作用。1961 年，Laqueur 在 Grace-New Haven 医院的患者 - 家庭会面团体被认为是真正意义上的家庭团体治疗。在这近 10 年的时间里，Leichter 和 Schulman

（1974）认为家庭团体干预的出现是一个自然发展的过程。随着对如精神分裂、抑郁症等精神类疾病的治疗的深入，治疗师也越来越认识到家庭在患者康复过程中的重要作用。在很多医疗机构中，家人有规律性地看望住院病人，尤其是看望自己的孩子，并常常组成自发性的团体讨论大家共同关心的问题。这些自发性的团体慢慢地具有治疗的作用，并形成了治疗团体。在治疗团体形成初期，还只是一种开放式的形式，父母或者家人可以自由地加入团体，持续一段时间，然后自由地离开。在团体中，治疗的焦点也仍然是在患者上。之后，这样的一种家人参与的团体治疗被正式地用于夫妻团体治疗，并具有固定的形式，夫妻双方在团体治疗过程中担当几乎相等的责任和角色。这样的夫妻团体治疗可以说是家庭团体发展过程中的一个里程碑，家庭治疗和团体治疗的理论融合在这样一个阶段得到了充分的探讨。之后，由父母和患者孩子组成的家庭团体，不仅有亲子之间的互动，同时也将父母亚系统的动力系统带入家庭团体，是夫妻团体治疗的一大进步（Parloff, 1961）。因此，总结来看，家庭团体治疗的出现共经历了四个阶段：自然的探访性家庭小组、治疗性的自发家庭团体、夫妻团体治疗、家庭团体治疗。

家庭团体干预目前仍多被应用于较为严重的精神类疾病，如精神分裂和躁狂 - 抑郁双向障碍，McFarlane 在 2002 年出版的 Multiple family groups in the treatment of severe psychiatric disorders 也再次认为将病人家属纳入治疗过程，并建立支持性的团体以帮助病人应对病症能够得到更好的治疗效果（McFarlane，2002）。

二、家庭团体干预的基本形式

家庭团体干预是家庭治疗和团体辅导的结合形式，在不同的研究中有不同的呈现方式和界定，其中包括父母团体和青少年团体平行设置的多家庭讨论团体（family discussion group）（Lemmens et al.，2007），父母和孩子在干预过程中有部分团体讨论是共同参与而部分团体讨论是分开进行的多家庭团体（Anderson et al.，1986），以及将家庭成员和孩子一起纳入的心理教育性质的团体（McFarlane，2002）。后来研究者 Thorngren 等人（2002）认同 Stone 等人对于家庭团体治疗（MFGT）的界定，即家庭团体治疗是一种由两个及以上家庭在同一个房间里组成团体，由受过训练的治疗师使用精确、计划的心理干预方法进行的独特的治疗模式（Stone，McKay，& Stoops，1996）。O'Shea 和 Phelps（1985）也指出其治疗单元应该既要重视家庭内部的互动模式，也要关注和利用不同家庭之间基于同样年龄、性别、聚焦问题或者家庭角色而形成的真实或者潜在的同盟。

家庭团体干预在最初的发展过程中大多在社区医院、州立精神病院，其主要针对的是酒精成瘾的夫妻、药物成瘾者、慢性精神分裂症以及需要护理的病人（Detre，Kessler，& Sayers，1961；Laqueur，& Laburt，1964；Ostby，1968；Schaeffer，1969；Sculthorpe，& Blumenthal，1965）。这些参与的患者大部分是青少年，青少年和他们的家庭参与到家庭团体干预中，如果是在临床机构中，则是以病人的形式，在学校则是以成长小组的形式参与。

在家庭团体干预中，由于绝大部分涉及包括父母和孩子在内的小家庭系统，同时也要兼顾大团体进程，因此治疗师会由 1～2 位组成，参与者在不同的环节中经过治疗师的带领来共同完成大组活动或者小家庭的活动。团体间的可比性一般通过团体规模和团体结构来体现。对于家庭团体干预来说，至少需要 2～3 个家庭才能称之为团体，而在其发展过程中曾经出现过 30～40 个人的大团体。因此，一般说来，团体规模并没有特别严格的限制，但是从治疗过程的掌控和治疗效果来看，一般说来团体规模在 10 ～ 20 人之间，会具有较好的互动性和整体干预效果。而团体的结构化也可以根据治疗对象和症状来进行设定，可以是自由流式的讨论到非常结构化的反转访问，都可以在家庭团体中进行。而随着家庭团体的发展，目前治疗师们倾向于采取半结构化或者结构化的家庭团体干预方案。一方面可以进行过程评估，另一方面也可以使整个干预方案成型并得以推广（Thorngren & Kleist，2002）。

那么家庭成员中，谁应该参与到家庭团体干预中来呢？对于患者来说，其年幼孩子、健康的兄弟姐妹以及扩展家庭都有可能和这个问题家庭有关。Pattison（1973）提出了一个社会系统心理治疗（social systems psychotherapy），对开放式和封闭式的治疗模型进行了对比。传统的一对一的封闭式治疗模式认为，改变个体自身能够帮助其在社交网络中表现出不同行为；而多人开放模型认为，改变已有的情感性和工具性连接会给患者呈现不同的选择，从而其才会有行为的改变，表现出不同的行为。开放模型聚焦于改变社会网络中的互动特点，因此 Pattison 曾经在其的团体中将核心家庭、扩展家庭、社会和教育机构以及患者的重要他人均包括进来，尝试探索期社交网络中互动特点和方式的改变可能带来的对行为改变的影响。目前对青少年患者而言，大多数治疗师的做法是将其父母函括进家庭团体，除非是有对患者影响特别重大的其他个体，也可以考虑邀请其参加。

三、家庭团体干预的动力机制

家庭团体治疗最初基于个体治疗的延伸，出现了家庭治疗的特点，关注家庭成员间的互相影响；同时也吸收了家庭治疗的观点，同意将个体的问题行为或者症状看作是家庭功能失常的一种反映。家庭团体治疗的形式更多与团体治疗相类似，包括活动设计、成员互动以及团体动力的大体过程。家庭团体模式与常规的团体治疗相比，加入了家庭的单位元素，因此团体过程中不仅要注意激发大团体的动力，同时家庭作为一个小团体也会有其独特的动力系统，因此，这样一个家庭团体在设置上会更加复杂，同时也会更加有互动性。

Gilbert 认为，对于家庭团体来说，团体本身是一个重要的治疗工具，家庭的存在可以重组团体内的结构，使得一个人更多地把自己看成是家庭或者夫妻系统的一部分，而不仅仅是一个单个的个体（Gilbert，2007）。因此，个人的问题也就能自动地转变成夫妻或者家庭的问题。相对于单个的夫妻来说，团体呈现出一种永远不去打断他人的一种趋势，同时，治疗者的角色也会被团体本身的组织所影响，他／她只是团体的一部分而永远不会完全控制治疗的进程。此外，团体也作为一个治疗性的社会网络发挥着功能。团体内部家庭之间的适当的社交互动可能会在家庭内外促进更多的正常行为和沟通。来自不同社区的家庭的经历使得家庭认为他们在与所遇到的困难做斗争的时候不是孤独的，同时也会认识到他们的反应、情感以及遇到的困难是正常的，从而能减少因为问题而带来的歧视感（Asen & Schuff，2006；Lemmens，Wauters，Heireman，Eisler，Lietaer，Sabbe，2003b）。

四、家庭团体干预的治疗阶段

和其他所有的组织类似，团体也会随着时间而发展出内部规则、结构，从而从简单的个体聚集发展成一个团体。这个发展过程对于团体形成、家庭建立以及家庭团体干预都是非常有意思的主题。不同的作者均对该发展过程做出过描述，但是因为涉及治疗师、患者以及主题的差异，在治疗阶段的发展上也存在差异。而阶段数目的不同，则主要取决于治疗师关注的是团体还是家庭（Strelnick，1977；Thorngren & Kleist，2002）。比如，住院的家庭和酒精依赖家庭就会感知到类似的阶段：（1）前意识/拒绝阶段；（2）意识到问题，界定问题或者掩饰问题阶段；（3）混乱和瓦解阶段；（4）针对问题的知识重组阶段（可能会选择住院）；（5）没有患者的重组阶段；（6）改变家庭状态以适应失功能的患者。

而对于团体本身来说，Blomfield（1972）认为所有团体均存在着一个"前团体"阶段，当成员见面后聚集到一起时，该团体还是由一个外在的规则或者框架主导，而不是由一个其内部进化发展出的规则。这个初始阶段在家庭团体干预中的特点是介绍和信息收集阶段。治疗师会宣布最基本的规则。该阶段聚焦于"患者是问题"并且保持该问题是在患者身上。患者多是安静、顺从地和家人坐在一起。父母承担了大部分的互动责任，和其他父母之间的首次沟通，并向治疗师寻求判断和领导性。父母会将他们自己及家庭和别的家庭进行比较，得出谁好谁坏、谁病得更严重谁比较轻微，并尝试以不责备和不批评的态度去安慰他人。父母更多地向他人或者团体讲述，而不是和孩子交流。在初始阶段，父母和孩子之间的沟通通常较少。在该阶段，"生病"和"健康"之间存在着巨大的差异和分别。

当团体中出现较多的同辈群体支持的时候，团体就进入了第二个阶段。该阶段通常出现在家庭的第三到第五次会面的时候。患者通常会坐在一起，并且在团体中表现得更加积极。团体中几乎所有的交流和沟通都会有代际间的跨越和互动，甚至会包括一些愤怒和敌意的表达，同时也有同伴的支持和认可。在该阶段，第一次探讨到关于治疗的期待，当然期待间的不一致也会被首次挑战。家庭中的角色和权力斗争开始出现，但是父母冲突仍然是被否认的。家庭和个体有更多的平行意识出现，即个体有更多作为团体一员的意识，而不是作为家庭的一部分。对孩子来说，父母的权力和美好也会减淡，父母也意识到孩子的成熟。该阶段中，"生病"和"健康"之间的界限也开始模糊。

第三个阶段是起效阶段，该阶段的特点是有非常显著的团体互动。患者和其他患者的父母有互动，也最终和自己的父母之间有互动和交流。婚姻问题和角色期待的问题也开始出现。父母间也常常会分开去各自寻找支持和同盟。父母和孩子之间也彼此面对他们对自身的拒绝和否认。"生病"和"健康"之间的界限变得不清晰，替罪羊也成为成员，或者说家庭已经成长可以团体"毕业"。家庭中值得注意的改变是成员间的沟通在不断增加，同时家庭成员间坐的距离的靠近也反映了之间的情感联结、表达的一致性以及态度的改变。团体作为一个整体，其开始依赖于内部进化发展出来的结构和目标，并且由此带来协同治疗的引导和指引。

最后一个阶段是巩固和结束阶段。该阶段中，处理家庭和团体中出现的问题时所带来的焦虑会降低，同时家庭也进入了一个重组、释放和改变后的动态平衡阶段。

在整个团体经历不同的发展阶段的过程中，单次团体讨论也会有其自身的发展过程，当然该过程在一定程度上会和大团体的整个发展进程出现某些平行性和并行性的联系。一般而言单次团体的发展过程，第一个环节是信息收集和交换环节，成员进行自我介绍，领导者进行团体基本规则和形式介绍等，一般持续 10 分钟左右。之后经历过类似环节的成员则会开始对这具有社交性质的对话和交谈变得不那么有耐心。患者和家庭开始感觉有巨大差异的存在。

讨论开始后 10～15 分钟左右时，需要去发现和指出过程中否认或者回避的存在，或者请大家注意到过程中成员的松散、缺席、沉默、不相关的评论、谈话垄断或者私人谈话等现象。团体一般会经历相对来说较为困难的阶段，个体会感到有引起话题或者参加讨论的负担。但是"家庭的沉默协议"会被另外一个对其了解较多的家庭打破并能够安全地进行倾诉和释放。这个过程一般会是以团体中看似"健康"的家庭成员向团体进行我暴露的方式进行。这个时候团体中其他的协同治疗师会以专家的身份出现，并且开始质疑关于心理健康的界定和团体的进展。

而当团体对自我暴露和忏悔成员提供支持时，会出现更多的自我表露困难。团体有可能会出现一个"复兴"现象，即悲伤、羞愧、挫折感等大量情感的集中迸发。直到家庭可以作为一个整体成为讨论的焦点。随着团体中出现共同和主要议题后，该中期阶段会逐渐过渡到起效阶段（或者说真正的工作阶段），关于自责、愧疚、婚姻关系和责任、家庭角色、权威性、依赖性以及爱与恨的对象的议题，会不断地给成员带来显著的现实评价。家庭中父母和孩子的角色感会减少，同时不同性别和代际之间的沟通和互动也会变得更加自由和流畅。家庭模式中的自我表露也会收到温暖和理解的反馈和肯定。家庭中的沉默的成员会开始说话，垄断者也会开始包容或者沉默。最初时期的私人无关对话也会消失。

在讨论的结束阶段，小结本次讨论的主题，反馈过程中可能出现的情感退缩现象，对成员给予更多的鼓励和支持。同时，邀请成员进行更加具体的建议、分享或者感谢由团体所带来的情感受益。Donner 和 Gamson（1968）认为最后的结束小结和分享非常重要，对于个体来说，也是可以帮助其学习和收获最大化的机会。由于面临团体结束和时间因素，个体会减少很多因发言而带来的被责备和批评的恐惧。同时，一次团体讨论的结束阶段，也要求有治疗师的积极主动的干预，同时有可能会有大量的新的主题出现。对于 75 分钟到 90 分钟甚至更长的团体讨论单元来说，该结束部分需要有更精准的计划和准备。这些单个团体讨论单元以及每个个体的参与、卷入、起效和结束模式也发生在整个团体的发展过程之中。

五、家庭团体干预应用于网络成瘾的可能性与适用性

基于已有家庭团体干预的研究发现，家庭团体干预对于相关领域的行为矫正和干预以及效果持续性上均有更加显著的效果。Gilbert 等人（Lemmens，2007；Lemmens，Eisler，Buysse，Heene，& Demyttenaere，2009）用多元家庭团体的方法治疗住院的抑郁病人，要求夫妻一起参加，结果发现，夫妻一起参加的团体能很好地把个体的抑郁症状转化成夫妻的关系问题，并能够促进个体抑郁的康复和疗效的持久性。Thomas 等人（Thomas，Kratochwill，Lynn，& McDonald et al.，2009）在针对孩子危险性行为的家庭学校一体化方案（Families and Schools Together program，FAST）的研究中，将父母和孩子一起纳入治疗作为实验组，对照组采用同样的方式但由老师给予危险行为的相关信息教育，分别对其进行前测、后测和一年的追踪测试。结果发现，后测的实验组效果显著好于对照组，并且这种差异在一年后的测试中仍然存在，有力地证明了家庭团体的生态化和持续性效果。同时，在相关的儿童问题行为和成瘾行为领域，研究者也发现家庭团体干预的效果十分显著，其效应量达到了 0.50 以上，同时针对药物依赖行为的干预结果发现，家庭成员的参与度对于青少年个体完成门诊治疗的持续性和完成度均有预测作用，并且研究还发现家庭团体治疗可能对可卡因依赖的个体在早期密集式治疗阶段尤其有效（Conner，Shea，McDermott，Grolling，Tocco，Baciewicz，1998；Zubrick，Ward，

Silburn，Lawrence，Williams，Blair，Robertson，et al.，2005）。

我国学者李荐中等人（2006）采用家庭团体治疗的方式对因青春期的逆反心理而造成的亲子关系问题进行干预，结果发现基本可以达到预期效果，总满意率为98.9%，研究者因此提出家庭团体治疗是解决青春期逆反心理的高效治疗方法。邢秀茶和曹雪梅采用系统家庭团体的方法干预夫妻关系和亲子关系，取得了良好的效果，并提出亲子关系是家庭问题的核心，系统家庭团体可以有效地将个体问题转化成家庭动力（邢秀茶，曹雪梅，2006）。但是到目前为止，关于家庭团体干预在网络成瘾治疗中的应用仍然很少。Zhong等人（2011）采用家庭为基础的团体干预对中国的57名网络成瘾青少年进行了14次干预，并进行了1个月和3个月的效果追踪测试。实验组干采取家庭成员和青少年团体分开进行的方式，即主要是青少年参加的团体干预，但是包括了4次专门针对父母的团体干预。而对照组则采用常规的团体干预，研究结果发现，与常规的团体治疗相比，以家庭为基础的团体干预在青少年网络成瘾的治疗上具有更好的效果。

除此之外，前述的有关家庭变量与青少年网络成瘾行为之间关系的综述也发现家庭中的沟通、亲子关系等因素均可以预测网络成瘾。Park等人（2008）的研究发现，网络成瘾青少年的亲子沟通显著低于非成瘾青少年。大多数网络成瘾青少年的家长更多地对孩子采取拒绝和否定的态度，用消极的方式与孩子沟通（赵璇等，2011）。亲子关系中亲密度和情感表达亦能显著负向预测青少年的网络成瘾（张海涛等，2011）。相关领域的研究亦证明高质量亲子关系的儿童通常会表现出较高的社会技能和较少的问题行为（Schneider，2001；楼高行等，2009）。Olson（1984，2000）提出家庭功能的环状理论，认为沟通在促进家庭亲密度和适应性上起到了重要的作用，家庭成员通过沟通来表达亲密，也通过沟通来处理与适应有关的问题。因此，从以上所述不难推断，关于家庭相关因素的研究结果能够保证基于家庭的家庭团体干预能够有效改变青少年的网络成瘾行为，家庭团体治疗的特殊形式一方面可以将家庭治疗针对网络成瘾的优势体现出来，同时能融合团体辅导的优势，利用团体动力来激发家庭动力，从而来促进改变的发生。另一方面，结构性家庭团体干预的形式也有助于可操作性的干预方案的发展，能够提高干预的推广性。正是基于以上研究基础和理论推想，本书将在之后的实证研究章节探讨家庭团体在网络成瘾干预中的可行性和有效性因素，以期为青少年网络成瘾的理论研究和干预研究提供实证性的参考。

第五章

述评：前人研究小结和实证研究设计

第一节　以往研究的不足

青少年网络成瘾问题已经受到众多研究者的广泛关注。以往的研究者提出了与网络成瘾有关的理论框架，对深入研究和探讨网络成瘾的形成机制提供了一定的理论依据；对可能影响青少年网络成瘾的诸多因素进行了探讨，取得了很多有意义的成果。但纵观国内外现有研究，还存在以下的一些不足之处：

一、亲子互动与青少年网络成瘾间的关系研究结果不一致

有不少研究者均对亲子关系和亲子沟通与青少年网络成瘾的关系进行了探讨，但是，正如前所述，在以往研究中存在以下的一些不足：首先，亲子关系的概念存在混淆，不同的研究者采用家庭环境、家庭关系以及父母教养方式等工具来测查亲子关系，导致变量名为亲子关系而实际测查内容与名称不一致的现象出现；其次，将亲子关系或者亲子沟通直接等同于亲子互动，而缺少相应的理论支持；最后，在有关亲子间互动和网络成瘾相关关系的研究中，亦只关注亲子间的关系或者亲子间的沟通，没有全面考察亲子互动对于青少年网络成瘾的影响。

基于前人研究的不足，本书根据 Olson（1984，2000）提出的家庭功能的环状理论，家庭中亲子沟通是家庭内部的过程性因素，同时家庭的亲密度和适应性则是家庭功能的结果性因素，过程性因素和结果性因素互相影响，循环往复，而其中亲密性主要侧重于家庭的情感部分，适应性则侧重于家庭的应对能力部分。因此，本书将亲子互动定义为亲子间的沟通过程及其情感关系状态，包括亲子沟通和亲子关系两个部分，前者是动态的过程因素，后者是较为稳定的现状因素。本书将以此概念为框架，系统地探讨亲子互动与青少年网络成瘾的关系。

二、缺乏对网络成瘾机制的内外因相结合的研究

已有研究均从不同角度对网络成瘾的影响因素和成瘾机制进行了探讨，其中包括环境因素、个体因素和网络本身的因素三大部分。但是，大多数研究大都只关注其中一个方面或一个方面的某几个因素，而没有考虑个体内在因素和环境的互动过程。

然而，从问题行为的发生发展和维持的过程来看，一定是外在环境和个体内在相辅相成的结果（Tolan，Guerra，& Kendall，1995），同时发展的生态理论模型也强调环境尤其是家庭环境和个体内在因素的互动过程对于青少年问题行为的重要影响（Bronfenbrenner，1986），因此，从内因 - 外因相结合的视角来研究网络成瘾行为能够更为全面地解释其成瘾机制。本书根据青少年时期的发展特点和网络成瘾领域的心理需求因素在个体内在因素中的重要性，将亲子互动因素和青少年的心理需求满足进行内因 - 外因的整合研究，将有助于更好探讨网络成瘾行为的成瘾机制。

三、缺少对家庭团体干预模式在青少年网络成瘾干预中的探讨

关于网络成瘾干预尝试的研究从未停止过，研究者分别从个体、团体、家庭等不同形式进行探讨，但是既有完整的理论框架和理论支持，同时也有经验支持且能推广的干预模式相当少。综合前人对网络成瘾的干预尝试来看，家庭治疗是网络成瘾干预的新方向。但是，目前仅有的家庭干预模式都只是处于理论探讨和个体尝试阶段，缺乏得到实证研究证实的家庭干预模式的研究。

目前国内有关于青少年网络成瘾的干预情况，更多是以学校为单位进行团体干预，或者父母主动带孩子求助。已有的干预研究结果已经发现团体干预在青少年网络成瘾的治疗中具有较好的效果，同时家庭干预的理念又可以帮助父母也参与到孩子的干预过程当中来，有助于效果的强化和维持。因此，研究者基于家庭团体干预在相关问题行为领域和成瘾行为领域的效果和中国的实际情况，提出将家庭团体治疗应用到青少年网络成瘾领域，一方面在重视家庭的中国文化下，家庭治疗的理念能够有助于青少年网络成瘾行为的改善；另一方面，结构化的团体治疗的模式也使得干预方案的推广成为可能。

基于前人研究的一些不足之处和本书的理论构建，本书在对相关测量工具进行修订和完善的基础之上，考察青少年群体网络成瘾的亲子互动 - 需求满足机制，形成理论模型并在此基础上开发出家庭团体干预方案，进行家庭团体治疗模式的实证探讨。研究将从家庭治疗的理论出发，考察亲子互动（亲子沟通和亲子关系）和青少年网络成瘾的关系；将从青少年发展阶段的特点考虑，探讨青少年的心理需求的特点和网络成瘾的关系；将从青少年与家庭的互动过

程中探讨青少年心理需求缺失和网络成瘾间的作用模式，以期揭示青少年网络成瘾的亲子互动 - 需求满足机制；将从家庭治疗的实践和已有的团体干预的研究基础出发，探讨可能的家庭团体干预新模式，并通过实践研究验证亲子互动 - 心理需求满足模型的理论假设。

第二节　基于理论模型的干预研究设计

一、研究思路

基于已有研究的不足，笔者认为，存在着以下较为可取的研究方向：

第一，从家庭环境和心理需求外 - 内因相结合的角度系统探讨青少年网络成瘾机制；

第二，从需求的视角探讨青少年网络成瘾的动机，完善青少年网络成瘾的心理需求机制；

第三，尝试对青少年进行家庭团体干预，并形成可操作性的干预手册；

第四，探讨干预带来的改变机制。

基于此，研究理论构想如下：

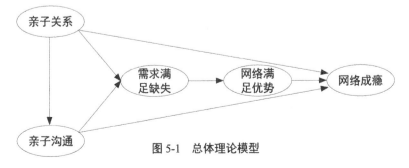

图 5-1　总体理论模型

总体研究思路和研究流程如图 5-2 所示：

图 5-2　研究思路和研究流程图

二、选题意义与研究价值

青少年网络成瘾因其群体的特殊性、流行的广泛性和带来的危害性等诸多因素成为社会关注的热点问题，对青少年网络成瘾的内外因动力机制的研究和家庭团体干预模式的探讨具有深刻的理论和社会现实意义。

（一）理论意义

1. 将内在需求和外在家庭环境相结合，进一步丰富青少年网络成瘾的理论研究

本研究同时考虑了青少年心理需求的独特性、青少年在家庭中的亲子互动的独特性以及心理需求在家庭内部缺失和满足的互动过程，为以往只是单一地考虑某一个因素或者某一类因素的研究提供了新的研究视角的启示，并进一步丰富了青少年网络成瘾的理论研究。

2. 探讨心理需求满足的家庭途径，进一步完善网络成瘾的心理需求网络补偿理论

本研究将亲子互动因素纳入心理需求的缺失和满足的可能原因的探讨之中，进一步弥补了前人关于心理需求网络补偿理论中仅仅只是阐述机制而没有揭示个体心理需求缺失原因和可能的满足途径的缺漏。家庭作为个体重要的社会化场所，在家庭中的亲子互动不仅仅是青少年心理需求缺失和满足的重要途径，也可以为成人的心理需求理论提供启示和参考。

3. 针对干预作用机制进行研究，在验证理论模型的同时可揭示干预的作用机制

目前关于网络成瘾的干预研究和理论研究大都处于脱节的状态，本研究将两者结合起来，通过理论研究指导干预研究，通过干预效果来验证理论模型可以使二者更好地结合和应用。同时，干预研究中的作用机制的研究可以对以后干预模式的理论基础和相关的应用研究也具有借鉴意义。

（二）实践价值

1. 将家庭治疗和团体干预相结合，为青少年网络成瘾干预领域提供新的干预模式

本研究中试图将家庭治疗和团体干预结合起来对网络成瘾的青少年进行干预，最直接地为今后的新的干预模式提供实证支持，有利于有效的生态化干预模式的产生。

2. 为青少年的心理教育提供新的视角以促进其健康全面发展

青少年心理需求研究的结果可以让学校、家庭和社会各方面了解青少年群体独特的心理需求，从而提供新的视角对其进行教育和培养，有利于青少年的身心健康发展。

3. 缓解因青春期青少年和父母之间的冲突而形成的不良家庭关系

青春期的亲子冲突是造成亲子关系不良的一个重要原因，如果父母可以了解青少年的心理需求并知晓亲子互动的影响，则有可能缓解亲子冲突，促进亲子关系。

第二篇
基于调查的理论模型建构

第六章

家庭因素探讨：
亲子互动和青少年网络成瘾的关系

第一节　研究思路及方法

一、研究思路和假设

本研究旨在从外因的角度，选取青少年家庭因素中的亲子互动，探讨其和青少年网络成瘾的关系，主要探讨以下三个问题：（1）青少年网络成瘾现状；（2）青少年亲子互动特点；（3）亲子互动与网络成瘾的关系。

基于本研究的主要探讨内容和已有研究，形成了以下研究假设：

1. 青少年的网络成瘾程度存在着性别、年级和学校类型差异，男生高于女生、初中生高于高中生、职业中学学生高于普通和重点中学学生；

2. 青少年和父母的亲子互动存在着性别差异：女生的亲子互动好于男生；

3. 网络成瘾青少年的亲子互动与非成瘾青少年相比，存在亲子关系不融洽、沟通不顺畅的特点；

4. 亲子互动与青少年的网络成瘾负相关；

5. 亲子沟通在亲子关系和青少年网络成瘾的关系中起部分中介作用。

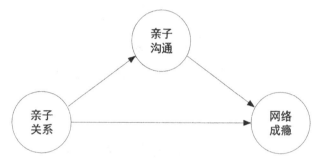

图6-1　亲子关系、亲子沟通和青少年网络成瘾的关系模型假设

二、研究方法

（一）研究对象

通过分层整群抽样方法抽取北京市和济南市5162名中学生作为问卷调查被试，其中北京市6所初中、5所高中、2所职业中学；济南市5所初中、4所高中和1所职业中学。在5162名问卷调查被试中，298名被试没有完整填写问卷或者回答无效而被剔除，最终有效被试为4864名，有效率为94.23%，其中男生2344名，女生2465名（性别缺失55人）。被试的平均年龄为14.90±1.92岁。针对不同地区的被试计算成瘾率和成瘾得分并进行差异检验，结果显示，北京地区的青少年网络成瘾为11.0%，济南地区成瘾率为

10.1%，不存在显著差异（df=1, p=0.439）；青少年的网络成瘾平均分分别为北京地区为1.24（±.62），济南为1.27（±.65），差异检验的F值为1.48，差异不显著。因此将两个城市的被试数据进行合并分析，在此后所涉及的数据分析中，均为北京和济南两个地区的合并数据。被试的相关人口学变量见表6-1。其中，家庭收入的划分根据中国城市平均收入和国家发改委经济研究所（2007）对于中等收入家庭的划分，家庭月收入低于5000元划分为低收入家庭，5000～10000元为中等收入，10000元以上为高收入家庭。

表6-1 被试分布

		N	(%)
城市	北京	3766	77.4
	济南	1098	22.6
性别[a]	男	2344	48.7
	女	2465	51.3
教育水平	初中	2627	54.0
	高中	2237	46.0
学校类型	职业中学	1241	25.5
	普通中学	2354	48.4
	重点中学	1269	26.1
家庭收入[b]	低	1567	35.9
	中	1836	42.1
	高	962	22.0

注：[a] 缺失值，55；[b] 缺失值，499

（二）研究工具

1. 基本人口学变量：自编，包括性别、年龄、学校类型、年级及学习成绩等信息。

2. 家庭基本信息表：自编，包括父母的婚姻状况、家庭结构、家庭经济收入水平、父母的受教育水平、父母的职业和职务等信息。

3. 亲子关系量表：采用 Buchnan 等人（1991）编制的亲子亲密度量表，分别对父子和母子间的关系进行评述，共 9 个项目，采用 5 点评分，从"1，完全不符合"到"5，非常符合"（Buchnan, Maccoby, & Dornbush, 1991）。本研究使用平均分来反映亲子关系，得分越高，表示个体与父（母）的关系越紧密。该量表在本研究中的 Cronbach α 系数为 0.911（父亲分量表）和 0.910（母亲分量表），见附录一。

4. 亲子沟通量表：采用 Barnes 和 Olson（1985）编制的亲子沟通量表，分为两个维度：开放式沟通和有问题的沟通，每个维度有 10 个项目，共有 20 个项目。采用 5 点计分，1"非常不同意"到 5"非常同意"。在已有的研究中显示该问卷信效度良好（Collins, Newman, & McKenry, 1995）。本研究使用均分进行统计分析，该量表在本研究中的 Cronbach α 系数为 0.822（父亲分量表）和 0.819（母亲分量表），见附录二。

5. 青少年网络成瘾倾向问卷：采用雷雳等人编制的青少年病理性互联网使用量表，包括 6 个维度，38 个项目，其中突显性（3 个项目），耐受性（5 个项目），强迫性上网 / 戒断症状（11 个项目），心境改变（5 个项目），社交抚慰（6 个项目），消极后果（8 个项目），采用 5 点计分，1 为"完全不符合"，5 为"完全符合"。本研究中使用总量表及各维度均分进行统计分析，得分越高说明成瘾程度越严重。使用该量表可以将青少年网络使用行为区分为 3 个不同的严重程度，均分低于 3 分为正常，3 ~ 3.15 分为网络成瘾倾向，高于 3.15 分为成瘾。总量表的内部一致性 Cronbach α 系数为 0.948，各因素的 α 系数在 0.81 ~ 091 之间，总量表的重测信度为 0.857（雷雳，杨洋，2007），该量表在本研究中的

Cronbach α 系数为 0.961，见附录三。

（三）研究程序

1.设计调查问卷

问卷包括基本人口学变量、家庭基本信息表以及亲子关系和亲子沟通量表、青少年网络成瘾倾向问卷。根据各个测查工具的信度，效度指标，适用范围及使用情况，结合本研究的测查目的和内容选取测查工具，并对选择的测量工具在已有的基础上进行翻译和校对。

2.预测试和修订问卷

分别请心理学研究生（2 名）、博士生（2 名）及专家（1 位）对问卷的结构以及选用问卷是否合适进行评估。然后选取 10 名普通中学学生，男女各半，进行初测，主要考察题目的语言表述、顺序排列以及是否有歧义等方面。根据结果对问卷的语言表述和项目顺序进行适当的调整，使问卷的语言表达更简洁明了以及语义更加符合青少年群体。

3.培训主试与实施问卷调查

所有施测主试均为心理学专业的硕士生和博士生，在每次施测之前都进行问卷内容培训和施测注意事项的培训，尽量降低主试方面带来的误差。

4.整理问卷

将回收的问卷进行初次整理并别除无效问卷之后编号，再录入数据。

（四）数据处理

采用 SPSS16.0 软件对数据进行录入和管理，使用 SPSS16.0 和 AMOS 16.0 两个统计软件进行数据分析。具体分析方法如下：

1. 使用 SPSS16.0 对人口学等变量进行描述性统计，对青少年网络成瘾和亲子互动进行方差分析以探讨其现状和特点；

2. 使用 SPSS16.0 对亲子互动以及青少年网络成瘾等变量进行相关分析、方差分析和回归分析以探讨二者之间的关系；

3. 使用 AMOS16.0 软件对亲子互动与网络成瘾的关系进行结构方程模型的检验。

第二节　亲子互动与青少年网络成瘾的关系分析

一、青少年网络使用与网络成瘾现状

对青少年的网络成瘾得分及成瘾率在性别、教育程度、学校类型以及家庭收入等变量上的差异进行比较分析，结果见表 6-2。

表 6-2　青少年网络成瘾在人口学变量上的差异比较

		网络成瘾程度	成瘾率
		M（SD）	N（%）
总体		2.10（.77）	444（9.2）
性别	男生	2.26（.84）	271（11.6）
	女生	2.03（.79）	169（6.9）
	F	95.14***	31.77***
教育程度	初中	2.02（.79）	236（9.0）
	高中	2.20（.74）	208（9.3）
	F	66.03***	0.15
学校类型	职高	2.25（.76）	134（10.9）
	普通	2.11（.78）	229（9.8）
	重点	1.94（.73）	73（6.3）
	F	50.93***	18.28***
家庭收入	低	2.17（.77）	156（10.2）
	中	2.10（.76）	118（8.4）

续表

		网络成瘾程度	成瘾率
		M（SD）	N（%）
家庭收入	高	2.04（.79）	78（8.9）
	F	9.47***	3.5

注：*P<0.05；** P<0.01；***P<0.001，下同

在成瘾均分上的差异检验显示，在性别、教育程度、学校类型以及家庭收入等人口学变量上，青少年网络成瘾得分均存在显著差异，具体表现为男生的网络成瘾程度显著高于女生，高中生显著高于初中生。Post-hoc 检验发现，青少年在三种学校类型间均差异十分显著，职业高中最高，其次是普通中学，重点中学的青少年成瘾平均分最低。家庭收入上，低收入家庭和高收入家庭差异十分显著（MD=.12，p<0.001），低收入和中等收入家庭亦差异显著（MD=.09，p<0.01），而中、高收入家庭间差异不显著（MD=.04，p<0.47）。

而在成瘾率的比较上，则只有性别和学校类型间的成瘾率存在差异，具体差异表现为男生的网络成瘾率显著高于女生，职业高中的网络成瘾率最高，重点中学的网络成瘾最低。

二、青少年的亲子互动特点

以亲子互动各维度为因变量，性别、教育程度、学校类型和家庭收入为组间变量，进行 MANOVA 方差分析，如果考虑四个变量间所有的交互作用，则太过复杂，因此只考虑变量间的一级交互作用，即两因素的交互作用。

多元方差分析结果发现，在整体性检验中，只有性别和学校类别存在主效应显著（Wilks'λ=.995**，η^2=.005，OP=.962；Wilks'λ=.982***，η^2=.009，OP=1.00），而教育程度和收入水平则

不存在主效应（Wilks'λ=1.00，η²=0.00，OP=.086；Wilks'λ=1.00，η²=0.00，OP=.116）。同时，四个自变量间的两因素交互作用均不显著。具体检验结果见表6-3。

表6-3　青少年亲子互动在性别、教育程度、学校类型和家庭收入上的差异检验

		亲子关系 M(SD)	父子关系 M(SD)	母子关系 M(SD)	亲子沟通 M(SD)	父子沟通 M(SD)	母子沟通 M(SD)
总体		3.32(0.91)	3.23(0.98)	3.40(0.96)	3.27(0.61)	3.25(0.64)	3.28(0.64)
性别	男	3.26(0.94)	3.20(0.99)	3.32(0.97)	3.22(0.57)	3.22(0.60)	3.23(0.59)
	女	3.38(0.89)	3.27(0.95)	3.48(0.93)	3.32(0.65)	3.29(0.68)	3.34(0.67)
	F	11.09**	5.27*	16.33***	8.68**	4.93*	11.65**
教育程度	初中	3.38(0.95)	3.30(1.01)	3.46(0.99)	3.30(0.67)	3.29(0.70)	3.32(0.69)
	高中	3.24(0.87)	3.15(0.92)	3.33(0.91)	3.23(0.53)	3.20(0.56)	3.25(0.56)
	F	.07	.00	.26	.02	.00	.09
学校类型	职高	3.19(0.87)	3.11(0.92)	3.27(0.91)	3.21(0.50)	3.19(0.53)	3.22(0.53)
	普通	3.25(0.93)	3.17(0.99)	3.33(0.97)	3.22(0.61)	3.21(0.65)	3.24(0.63)
	重点	3.56(0.89)	3.47(0.96)	3.65(0.93)	3.41(0.69)	3.39(0.72)	3.44(0.72)
	F	29.03***	21.69***	31.03***	27.42***	22.00***	28.20***
家庭收入	低	3.25(0.92)	3.17(0.99)	3.34(0.96)	3.23(0.58)	3.21(0.61)	3.24(0.60)
	中	3.33(0.88)	3.24(0.94)	3.41(0.92)	3.28(0.62)	3.26(0.66)	3.30(0.64)
	高	3.41(0.97)	3.34(1.03)	3.49(1.00)	3.31(0.66)	3.29(0.68)	3.32(0.69)
	F	.56	.55	.48	.05	.09	.05

从结果中可以看出，总体而言，青少年的母子关系得分最高，亲子互动在性别和学校类别中差异显著，这体现了青少年亲子互动的群体性特点，主要表现在：

第一，女生在所有维度上都高于男生，并且这种差异达到了显著水平。

第二，青少年的亲子互动在学校类型间的差异显著，其中重点

中学学生的亲子互动得分最高。Post hoc 检验的结果表明，重点中学学生亲子互动所有维度得分均显著高于普通中学（P<.001）和职业高中学生（P<.001）；而普通中学和职业高中学生在所有维度间均不显著。

第三，初中生和高中生的亲子互动并不存在显著差异；同时不同收入水平家庭的亲子互动也不存在显著差异。

三、青少年亲子互动和网络成瘾的关系

首先，分别对父子、母子间的互动和青少年网络成瘾进行相关分析，结果见表 6-4。

表 6-4　亲子互动和青少年网络成瘾的相关分析

	父子关系	母子关系	父子沟通	母子沟通
青少年网络成瘾得分	-0.21**	-0.20**	-0.27**	-0.28**

结果发现，父子、母子间的关系和沟通均和青少年网络成瘾得分显著负相关。根据在青少年病理性互联网使用量表得分将被试划分成正常组（<3）、成瘾倾向组（3～3.15）和成瘾组（>3.15）（雷雳，杨洋，2007），分别对这三组间的亲子互动得分进行 MANOVA 方差分析。

多元方差分析结果显示，在整体性检验中，不同网络成瘾程度的主效应显著（Wilks'λ=.968***，η^2=.016，OP=1.00），四个变量的方差检验见表 6-5。

表 6-5　不同网络成瘾程度的亲子互动差异比较

	网络成瘾程度			
	正常组	倾向组	成瘾组	
	M(SD)	M(SD)	M(SD)	F
父子关系	3.28(0.97)	2.91(0.88)	2.93(0.98)	38.27***

	网络成瘾程度			
	正常组	倾向组	成瘾组	
	M(SD)	M(SD)	M(SD)	F
母子关系	3.45(0.95)	3.07(0.92)	3.13(0.97)	36.55***
父子沟通	3.29(0.65)	2.99(0.47)	2.98(0.56)	69.41***
母子沟通	3.33(0.64)	3.05(0.50)	3.02(0.58)	63.21***

从结果中可知，正常组的亲子互动得分普遍高于倾向组和成瘾组。Post hoc 检验发现，在父子关系，母子关系，父子沟通和母子沟通四个维度上，均是正常组和倾向组、成瘾组之间差异显著，而倾向组和成瘾组间差异不显著。

采用分层回归分析来探讨亲子互动对青少年网络成瘾的预测作用，之前的分析结果发现，青少年的网络成瘾在性别、教育程度、学校类型以及家庭经济收入中均存在差异，因此对这些变量进行了控制，分层回归分析采用 ENTER 的变量进入方法。如前所述，亲子关系在亲子互动更多的是充当现状变量，而亲子沟通则是过程变量，因此在分层回归中先进入亲子关系变量，再进入亲子沟通变量，分别考察两个变量对青少年网络成瘾的预测作用。具体回归分析结果见表6-6。

表 6-6　亲子关系和亲子沟通对青少年网络成瘾的分层回归

		β	t	R^2	F	$\triangle R^2$	$\triangle F$
方程1	性别	-.15	-9.32***	.05	44.73***	.05	44.73***
	教育程度	.06	3.28**				
	学校类型	-.11	-5.46***				
	家庭收入	-.01	-.46				

续表

		β	t	R^2	F	$\triangle R^2$	$\triangle F$
方程 2	性别	-.14	-8.78***	.09	69.15***	.04	158.76***
	教育程度	.06	3.22**				
	学校类型	-.09	-4.34***				
	家庭收入	.00	-.02				
	亲子关系	-.21	-12.60***				
方程 3	性别	-.14	-8.59***	.13	84.25***	.04	145.43***
	教育程度	.06	3.20**				
	学校类型	-.08	-4.05***				
	家庭收入	.00	-.17				
	亲子关系	-.06	-2.61**				
	亲子沟通	-.25	-12.06***				

分层回归分析的结果显示，6 个变量总的解释率为 13%，其中每个分层回归的方程的 ΔF 均显著，回归方程总的校正后的 R^2 为 0.13，根据 Cohen（1977）提出的小（$\eta^2=0.03$）、中（$\eta^2=0.13$）和大（$\eta^2=0.26$）效应的标准，查临界值和检验力表（PA-PC=6，n-PA>500）得到其检验力为 1-β>.995，这说明回归方程的解释率已经达到统计学的标准（辛涛，2010）。

再来看各个自变量的预测作用，首先，人口学变量中的性别、教育程度和学校类型对青少年的网络成瘾趋势预测显著。然后，亲子关系在第二层变量中进入，预测作用显著（t=-12.60，p<0.001），而当亲子沟通进入之后，亲子关系的预测系数从 -.21 变成 -.06，但是仍然显著（t=-2.61，p<0.01），同时亲子沟通的预测作用也显著（t=-12.06，p<0.001）。这样的结果提示着在亲子关系、亲子沟通和青少年网络成瘾的关系中，亲子沟通可能起了部分中介作用。因此，根据这一结果和理论构想，采用结构方程模型来检验这一关系模型。模型验证结果具体如图 6-2。

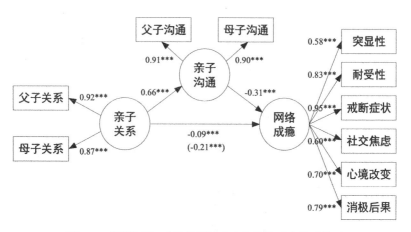

图 6-2 亲子关系、亲子沟通与青少年网络成瘾关系模型

　　从结构方程模型结果可以得知，亲子沟通在亲子关系和青少年网络成瘾的关系中充当着中介变量。结果很好地验证了亲子沟通中介作用的假设，亲子沟通部分中介了亲子关系和网络成瘾的关系，各个路径指数均显著。从图中的路径系数可知，亲子关系对青少年网络成瘾的直接作用为 -0.09，而间接作用为 -0.31×0.66= -0.2046，间接作用远大于其直接作用，同时亲子沟通对青少年的直接作用为 -0.31。因此，可以看出亲子关系主要是通过亲子沟通这个中介变量来影响青少年的网络成瘾。模型的拟合指数见表 7，除了 x^2/df 值稍微偏大之外，其余指数均达到了测量学标准。而卡方和自由度比等于 8 这一数值偏大则很可能是由于样本量偏大的缘故，因此在考虑了样本大小之后其仍为可接受的范围。

表 6-7 亲子关系、亲子沟通和青少年网络成瘾关系模型拟合指标

x^2	df	x^2/df	RMSEA	NFI	CFI	GFI
208.00	26	8.00	0.039	0.994	0.994	0.991

四、亲子互动对青少年网络成瘾影响的性别差异效应

青少年的亲子互动和网络成瘾特点分析均显示出存在性别主效应，同时已有研究也发现可能存在着亲子之间互动的同性别匹配模式（Harburg，Davis，& Caplan，1982；Coffelt et al.，2006）。因此，为进一步探讨亲子互动对青少年网络成瘾影响中的性别作用，首先对青少年的亲子互动进行性别匹配的差异分析。分别对父子、父女、母子、母女进行重复测量方差分析。结果显示，对男生而言，母子关系得分显著高于父子关系得分（F=94.51，P<0.001），而父子沟通和母子沟通之间则差异不显著（F=2.51，P=0.128）；对女生而言，母女关系得分显著高于父女关系得分（F=268.60，P<0.001），母女沟通显著高于父女沟通（F=42.27，P<0.001）。这说明在亲子互动上不存在性别匹配效应，只存在母亲的性别差异效应，即母子/女互动好于父子/女互动。

进一步考察在亲子互动对青少年网络成瘾的影响中是否仍存在这种差异效应，分别区分青少年的性别（男、女）和父母亲的角色（父子互动和母子互动）进行分层回归分析。首先，分性别对男女生建立不同的回归方程，探讨父母对不同性别青少年网络成瘾的影响过程中是否发挥着不尽相同的预测作用，然后再建立模型进行检验。

以男生的网络成瘾得分作为因变量，控制相关的人口学变量，先进入父子关系和母子关系，再进入父子沟通和母子沟通，进行分层回归分析。结果见表6-8。

表 6-8　亲子互动对男生网络成瘾的分层回归分析

		β	t	R^2	F	$\triangle R^2$	$\triangle F$
方程 1	教育程度	.07	2.45*	.02	13.12***	.02	13.12***
	学校类型	-.13	-4.37***				
	家庭收入	-.02	-.74				
方程 2	教育程度	.06	2.12*	.06	21.46***	.04	33.24***
	学校类型	-.11	-3.84***				
	家庭收入	-.02	.68				
	父子关系	-.15	-3.72***				
	母子关系	-.05	-1.26				
方程 3	教育程度	.06	2.07*	.10	25.85***	.04	34.71***
	学校类型	-.10	-3.57				
	家庭收入	-.02	-.78				
	父子关系	-.09	-1.99*				
	母子关系	.03	.69				
	父子沟通	-.09	-2.12*				
	母子沟通	-.16	-3.60***				

　　回归方程总的校正后的 R^2 为 0.10，以 PA-PC=7，n-PA>500 查临界值和检验力表（辛涛，2010）发现其检验力仍在 .995 以上，达到了统计学标准（下同）。分层回归分析的结果，发现在控制了人口学变量之后，父子关系在方程 2 中预测系数显著，而母子关系不显著；而当父子沟通和母子沟通在方程 3 进入的时候，父子关系仍然显著，父子沟通和母子沟通也对男生的预测作用显著（t = -2.12，p<0.05；t = -3.60，P<0.001）。这说明对男生来说，父亲变量上，父子关系和父子沟通均能预测其网络成瘾，而在母亲变量上，则只有母子沟通能够预测其网络成瘾行为。根据总体的亲子关系主要是通过亲子沟通来对青少年的网络成瘾起作用的路径模型，假设母子关系全部通过母子沟通来起作用。依此，建立父子关系 - 父

子沟通，母子关系 - 母子沟通不同作用路径的结构方程模型进行检验。结果如图 6-3 所示：

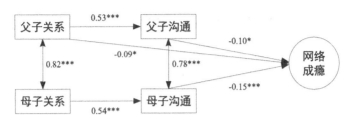

图 6-3　亲子关系、亲子沟通和男生网络成瘾关系模型

如图所示，母子沟通完全中介了母子关系对男生网络成瘾的作用，而父子沟通则是部分中介了父子关系对男生网络成瘾的作用，这一结果和回归结果很一致，也验证了我们之前的假设。同时，父子关系、父子沟通和男生的网络成瘾趋势三者关系与整体数据的模型结果一致，即父子沟通在其中起部分中介作用，中介效应为 -0.10×0.53=-0.053，中介效应相对来说较小。同时比较父子关系和母子关系对男生网络成瘾的总效应，根据 AMOS 标准化的结果显示，父子关系对男生网络成瘾的总效应值为 -0.144，母子关系对男生网络成瘾的总效应值为 -0.065，父子关系的效应值稍大于母子关系。表 6-9 显示该模型拟合较好，卡方和自由度比的数值偏大可能是和样本量偏大有关。

表 6-9　亲子关系、亲子沟通和男性青少年网络成瘾关系模型拟合指标

x^2	df	x^2/df	RMSEA	NFI	CFI	GFI
169.66	26	6.53	0.050	0.989	0.991	0.984

同样，以女生的网络成瘾程度作为因变量，控制相关人口学变

量，分别进入父子关系、母子关系和父子沟通、母子沟通，进行分层回归分析。具体结果见表6-10。

表6-10 亲子互动对女生网络成瘾的分层回归分析

		β	t	R^2	F	△R^2	△F
方程1	教育程度	.08	3.14**	.02	15.61***	.02	15.61***
	学校类型	-.09	-3.37**				
	家庭收入	.00	.15				
方程2	教育程度	.07	2.42*	.08	34.58***	.06	61.69***
	学校类型	-.08	-2.35*				
	家庭收入	.02	.68				
	父女关系	-.19	-5.74***				
	母女关系	-.10	-2.67**				
方程3	教育程度	.06	2.33*	.11	38.13***	.03	43.50***
	学校类型	-.06	-2.23*				
	家庭收入	.01	.51				
	父女关系	-.08	-1.91				
	母女关系	-.02	-.51				
	父女沟通	-.17	-3.55***				
	母女沟通	-.11	-2.34*				

回归分析的结果显示，在控制了人口学变量之后，母女关系和父女关系在方程2中对女生的网络成瘾预测作用显著；而当沟通变量进入之后，之前有显著预测作用的父女关系和母女关系变得不显著（t=－1.91，p=0.06；t=－.51，p=0.70），而父女沟通和母女沟通则预测作用显著（t=－3.55，p<0.001；t=－2.34，p<0.05）。这个结果提示我们对女生来说，父女沟通和母女沟通很可能完全中介了父女关系和母女关系对于女生网络成瘾的作用。依此建立结构方程模型进行检验。结果如图6-4所示：

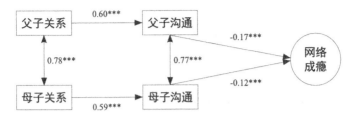

图 6-4　亲子关系、亲子沟通和女生网络成瘾的关系模型

结构方程模型的结果显示，父女沟通和母女沟通分别完全中介了母女关系和父女关系对女生网络成瘾的作用。模型中的路径系数均达到了 .001 的显著水平。父女沟通的中介效应为 -0.17×0.60=0.102，母女沟通的中介效应为 -0.12×0.59=0.07。总体来看模型的拟合指数较好，卡方和自由度比的数值偏大，但在考虑了样本量之后仍在可接受的统计学范围。具体结果见表 6-11。

表 6-11　亲子关系、亲子沟通和女生网络成瘾关系模型拟合指标

x^2	df	x^2/ df	RMSEA	NFI	CFI	GFI
209.50	28	7.48	.052	.987	.989	.983

因此，总体上来看，在青少年的亲子互动过程中，存在着女性的性别差异效应，首先，是女生和父母的亲子互动要好于男生；其次，母亲与子女的互动好于父亲和子女间的互动：在亲子互动对青少年网络成瘾的影响过程中，无论是对男生还是女生，母亲的作用更多地通过母子沟通来实现；而父亲的作用方式则存在着差异，对女生来说，父亲的作用更多的是通过父女间沟通来影响，对男生的网络成瘾行为来说，父子之间的关系和沟通均起了重要作用。

第三节 基于数据的关系特点

一、青少年亲子互动的基本特点

本研究发现，青少年的亲子互动存在着性别差异。女生的亲子互动，在亲子关系和亲子沟通维度上的得分均显著高于男生。这一结果体现了男女生在青少年时期和他人互动上的性别差异，即可能女生更愿意和他人互动和沟通；同时这个研究也和以往的研究结果相呼应。Noller 的研究发现女孩相对于男孩来说更愿意和父母沟通（Noller & Bagi，1985；Noller & Callan，1990），而且女孩会认为自己相对于男生来说与母亲的关系会更为亲密（Youniss & Smollar，1985）。

本研究同时发现重点中学学生的亲子互动好于普通和职业中学的学生。一方面，中国的教育体系下，子女的学习成绩是父母关注的头等大事，重点中学学生的学习成绩相对普通和职业中学学生来说可能更好，自然能得到父母更多的关注；另一方面父母把孩子送入重点中学，也在某种程度上意味着父母对于其寄予的期待和希望会更多，同时可能给予了更多及时的沟通和互动，有研究发现，优等生父母的指责性沟通远小于差生的父母（池丽萍，辛自强，2010）。此外，重点中学的学生可能也会更加有自信和采取主动和父母进行沟通。有研究发现，成绩好的学生和成绩差的学生相比，无论是在沟通行为还是在沟通次数上，均表现出了更多的积极特征（池丽萍，辛自强，2010）。

二、青少年亲子互动的性别差异效应

对于男生来说，母子关系要好于父子关系，但是在母子沟通和父子沟通上则不存在显著差异；而对于女生来说，则是母女关系和母女沟通均要好于父女关系和父女沟通。之前的研究者也报告了类似的研究结果。Levin 和 Currie（2010）发现，女生感觉和父亲交谈会更为困难，而和母亲的关系对于女生的生活满意度来说会尤其重要（Wallnius，Rimpela，& Punamaki et al.，2009），这就使得女生会更倾向于和母亲交谈；Ackard 等人（2006）也针对父母和子女的互动指出，女孩和男孩相比可能觉得更难和父亲谈及她们的问题。

总体上来说，存在着母亲亲子互动的性别差异效应，即母亲和子女的亲子互动要好于父亲和子女间的亲子互动。这和母亲和父亲在家庭中的角色分工有关，一般说来母亲更多地参与到抚养孩子的细节问题当中来，使得孩子与母亲沟通的机会和频率增加（Shek，2000）；同时，母亲相对于父亲来说，可能更会去关注青少年的一些情感反应，从而使得亲子间的沟通较为容易（Luk，Farbat，Iannotti，& Simons-Morton，2010），并且母亲和子女间的沟通也更为开放（Rosnati，Lafrate，&Scabini，2007），给青少年带来了更高的沟通满意度（Shek，2000）。此外，研究也表明，在家庭关系范围内，父亲相对母亲来说其卷入程度、互动有效程度均小于母亲（Stoker & Swadi，1990；Williams & Kelly，2005）。

三、亲子互动对青少年网络成瘾的中介作用

本研究发现，亲子互动和青少年网络成瘾相关显著，且亲子关系和亲子沟通均能在不同程度上预测青少年的网络成瘾，但是亲子关系主要通过亲子沟通来影响青少年的网络成瘾，即亲子沟通是部分中介变量。曾有研究发现亲子关系和亲子沟通均和青少年的网络成瘾有关（Kim，2001；Cho，2001；Nam，2002；Park，Kim，&

Cho，2008；程绍珍，杨明，师莹，2007；罗辉萍，彭阳，2008），本研究一方面支持了这种变量间的关系，同时更进一步探讨了亲子关系和亲子沟通变量在影响青少年网络成瘾过程中的具体作用，为今后更进一步的研究提供了基础。同时，该结果也支持了亲子沟通作为过程性变量的假设，为以后系统地深入探讨亲子互动的相关研究提供了参考。本研究的这一结果也能够支持和验证我们环形理论中关于亲子关系和亲子沟通的论述。家庭成员间的关系建立基于一种长期的互动模式，在这过程中成员间的沟通方式和方法也会得以固定和保留。从环形理论来说，个体的关系认知也会受到沟通方式的影响。但是对于家庭成员间的关系认知来说，相对来说会更加稳定和一致。而沟通过程，包括沟通内容、沟通主题、沟通情景，甚至沟通技能都是有更多情境性特征。因此，从这个视角来说，亲子沟通更多是具有中介变量的作用。

四、亲子互动对青少年网络成瘾的影响的性别差异效应

本研究在亲子互动的性别差异效应的基础上进一步分析了亲子互动对于不同性别青少年网络成瘾影响的不同作用。在物质成瘾领域的研究中发现了父母不同角色对于不同性别青少年的作用是不一样的。Luk 等人（2010）研究发现，对男生来说，父子沟通是其使用大麻的保护性因素，母子沟通则是吸烟的保护因素；而对女生来说，父女和母女沟通都对女生的物质使用没有显著的影响。与此相类似的是，有研究发现父子关系质量而非母子关系质量，在青少年的学校适应、应对策略、社会交往中，尤其是涉及焦虑和退缩行为时，发挥了保护性作用（Grossmann，Grossmann，Fremmer-Bombik，Kindler，Scheuerer-English et al.，2002）。但是 Ashley 等（2008）的研究结果却发现母亲的吸烟行为对女儿吸烟行为的影

响大于儿子。这些结果和有研究发现父亲在孩子的问题行为中起到了更大作用的研究结果存在着差异（周波，张智，2004）。因此，父母的不同作用在亲子互动对于青少年问题行为的影响中还没有得到一致的结论，这也可能和具体的问题行为有关（Luk，Farhat，Lannotti，Simons-Morton，2010）。而有关于父亲和母亲对不同性别子女的行为影响差异，有待研究者进一步探讨。

曾有研究报告了亲子之间互动对于青少年问题行为影响的同性别匹配模式（Harburg，Davis，& Caplan，1982；Coffelt et al.，2006），即父亲对儿子的影响大于对女儿的影响，而母亲对女儿的影响则大于对儿子的影响。本研究的结果没有在网络成瘾领域发现这种性别匹配效应。但是，关于亲子互动间的性别角色效应研究一直就没有得到一致的结果。Coffelt 等人（2006）曾分析了这种不一致结果出现的原因，认为主要是针对了不同的研究群体，同时问题行为之间本身的影响模型也存在差异，并且单一的研究方法和横向的研究设计也会导致结果存在一定的偏差。

本研究发现在网络成瘾领域的父母对青少年的影响的性别差异主要体现在父亲和母亲影响青少年网络成瘾的作用途径不尽一致。本研究结果发现，对男生而言，父子关系和父子沟通均能对其网络成瘾行为产生影响，其中父子沟通在其中起部分中介作用；而母子关系则是完全通过母子沟通影响其网络成瘾行为，母子关系的直接作用并不显著。对女生来说，父亲和母亲的作用方式则很一致，即都是通过沟通变量（父女沟通和母女沟通）来起作用，父女关系和母女关系的直接作用并不明显。对这个结果可能的理解是，对于男生来说，父子之间的除了外显的沟通行为之外，关系感知亦同样影响到了网络成瘾行为，但是母亲只有沟通行为影响其网络成瘾，一方面可能缘于母亲对于孩子的爱会更加言语化和行为化（Rosnati，

Lafrate，& Scabini，2007），孩子对于母亲的爱会更加坚定和一致，除非是在和母亲的沟通中直接地让孩子感受到了不够畅通和理解的情况下，才会影响青少年的网络成瘾行为；另一方面，父爱可能更为含蓄和内敛，因此除了在沟通中的直接互动和感受之外，男生还需要额外去感知和推测父亲在情感上的支持与否，这就使得和父亲的关系感知也影响到了男孩子的网络成瘾行为（Luk，Farbat，Iannotti，& Simons-Morton，2010）。而对于女生来说，由于父母的教养方式对男、女生存在性别上的差异，对女生的教养可能更偏向于温暖以及鼓励方式（李彩娜，周俊，2009），使得女生会更多地去关注沟通行为中传递的信息，而非总体关系上的感知。除此之外，由于研究数据均来自青少年的报告，可能也会涉及男性和女性在信息和情感感知上的差异。女孩子更能感知沟通中的情感传递，也对情境性的沟通过程更加敏感。

在中国传统的教养方式中，"男女有别"的思想一直存在，但是大多简单于"富养"和"穷养"的区别，教育上也只关注男孩和女孩在运动和思维方式等方面上的差异。但是实际上，在家庭互动中，男孩和女孩对父母亲的情感表达和行为模式的认知也存在差异。同样的行为，是父亲在做，还是母亲在做，可能就会带来不一样的影响；同样的沟通方式，在男孩和女孩身上可能也会收到不同的效果。这些差异，均应该引起家长们的重视。

第四节 小结

1. 青少年的亲子互动存在着以下特点：女生的亲子互动好于男生；重点学校学生的亲子互动好于普通和职业中学学生；母亲和孩

子的互动要好于父亲和孩子间的互动。

2. 亲子互动和青少年的网络成瘾负相关。

3. 亲子互动对于青少年的网络成瘾倾向具有保护作用，具体表现在亲子沟通和亲子关系均能够直接负向预测青少年的网络成瘾倾向，同时亲子关系还通过亲子沟通负向影响其网络成瘾倾向。

4. 在亲子互动对青少年网络成瘾行为的影响中存在着性别差异效应：母亲更多地通过母子沟通来影响青少年的网络成瘾，而父亲的作用方式在不同性别的青少年中有所区别，对女孩主要是通过父女沟通来影响，对男孩来说则父子关系和父子沟通都起作用。

第七章

内在动力机制：
需求满足对青少年网络成瘾的作用

第一节　研究思路及方法

一、研究思路和假设

本研究从内部因素视角探讨青少年网络使用行为的内在动机动力机制，主要探讨以下三个问题：（1）青少年心理需求和需求满足的特点；（2）青少年需求程度、需求满足和网络成瘾的关系；（3）需求满足过程中，网络满足与缺失以及网络的满足优势对青少年网络成瘾的作用机制。

基于本研究的主要探讨内容和已有研究，形成了以下研究假设：

1. 青少年较注重自主、认同和人际交往等和青春期发展任务相关的需求；心理需求程度普遍高于满足程度，存在着心理需求的满足缺失。

2. 青少年的网络成瘾和现实满足负相关；和网络满足正相关；而其和需求满足缺失正相关，和网络满足优势和正相关。

3. 网络满足和现实满足均能预测网络成瘾，其中网络满足正向预测，而现实满足负向预测，具体模型见图7-1。

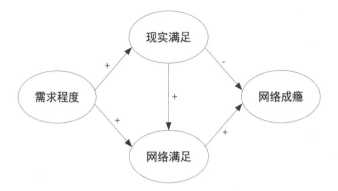

图 7-1　需求程度、现实满足、网络满足与青少年网络成瘾的假设模型

4. 网络满足优势能够完全中介需求满足缺失对网络成瘾的影响。具体假设模型见图 7-2。

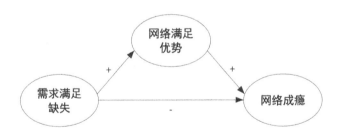

图 7-2　需求满足缺失、网络满足优势与青少年网络成瘾的假设模型

二、研究方法

（一）研究对象

访谈被试：北京市某中学初中和高中学生各 5 名，其中女生 4 名，男生 6 名。

预试被试：随机抽取北京市某职业高中高一和高二两个年级学

生共 487 人，其中男生 211 人，女生 267（9 人性别缺失），平均年龄为 17.03（±.89）岁。

正式施测被试：通过分层整群取样选取的来自中国北京和济南市 5162 名青少年。具体信息参见第六章中的描述。

（二）研究工具

1. 基本人口学变量：包括性别、年龄、学校类型、年级及学习成绩等信息。

2. 家庭基本信息表：包括父母的婚姻状况、家庭结构、家庭经济收入水平、父母的受教育水平、父母的职业和职务等信息。

3. 青少年网络成瘾倾向问卷：采用雷雳等人编制的青少年病理性互联网使用量表，包括 6 个维度，38 个项目。其中突显性（3 个项目），耐受性（5 个项目），强迫性上网 / 戒断症状（11 个项目），心境改变（5 个项目），社交抚慰（6 个项目），消极后果（8 个项目），采用 5 点计分，1 为"完全不符合"，5 为"完全符合"。本研究中使用总量表及各维度均分进行统计分析，得分越高说明成瘾程度越严重。使用该量表可以将青少年网络使用行为区分为三个不同的严重程度，均分低于 3 分为正常，3～3.15 分为网络成瘾倾向，高于 3.15 分为成瘾。总量表的内部一致性 Cronbach α 系数为 .948，各因素的 α 系数在 0.81～0.91 之间，总量表的重测信度为 .857（雷雳，杨洋，2007），该量表在本研究中的 Cronbach α 系数为 0.961。

4. 青少年心理需求满足问卷：根据大学生心理需求及满足量表（万晶晶，张锦涛，刘勤学等，2010）及青少年心理需求特点修订而成，由需求程度分量表、现实满足分量表和网络满足分量表组成，每个分问卷都有 35 项目，包括 8 个维度，分别是：自主需求、娱乐需求、交往需求、成就需求、影响需求、认同需求、表达需求和信息需求。项目为 1—5 的 5 点记分，"1"代表"非常不强烈"，

"5"代表"非常强烈"；现实满足和网络满足量表中"1"代表"非常低"，"5"代表"非常高"。统计分析中使用问卷的平均分进行计算，各维度的 Cronbach α 系数在 0.68～0.88 之间，总量表的 Cronbach α 为 0.97；各维度的分半信度在 0.64～0.88 之间，总量表的分半信度为 0.97（见附录四）。

（三）研究过程

1. 问卷编制

在此研究中，青少年心理需求问卷需要进行修订。已有的网络相关的心理需求问卷时基于大学生群体发展起来的工具，因此需要对其进行修订，以使其适用于青少年群体。因此，在该问卷的修订过程中，包括了半结构化的访谈和基于数据的项目修订两个部分。访谈的对象来自于北京市的青少年，分别选取北京市普通中学初中生和高中生各 5 名，进行半结构性访谈，访谈内容主要包括两部分：第一部分为上网需求以及生活中需求的半开放性访谈，第二部分为针对大学生心理需求量表的维度及项目进行访谈，要求受访者先进行完成问卷，然后进行项目反馈以判断其是否适合青少年群体，并回答项目是否符合自己情况、遣词用句是否符合自己群体的表达和理解等问题。最后要针对维度和项目进行评断及增减。在整个过程中，受访者可以匿名，不透露个人信息。

根据访谈结果，进行编码，同时和原有的大学生心理需求问卷维度进行比较，结果发现，青少年心理需求维度和大学生心理需求大致相当，但是有两个受访者提及了言论自由的维度，而在大学生心理需求中只有自主性。邀请青少年发展领域和网络成瘾领域的心理学专家及博士生对访谈结果进行考察并听取专家关于问卷内容的建议，同时考虑到时代性和群体特征，增加了关于言论自由的项目，相应删减了受访者提到的不符合自身情况或者很少提及的项目，最后形成的青少年心理需求问卷的初测问卷为 47 个项目。

2. 问卷预测及修订

对预测被试进行青少年心理需求问卷的测查。考虑到主要是对青少年心理需求特点的考查，因此在将青少年心理需求量表的实际强烈程度用一道题单独测查，另一道题测查这些心理需求的现实满足和网络满足程度。

问卷回收后，对数据进行项目分析和因子载荷的初步处理，主要考虑青少年心理需求各项目是否适合青少年群体，是否存在项目载荷过低，各项目的区分度是否达到测量学标准等因素。结果发现，47 道题的青少年心理需求问卷基本符合测量学标准。因此，将其整合进入正式施测问卷，以探索青少年心理需求及其满足的结构及特点。

3. 培训主试及正式施测问卷

所有施测主试均为心理学专业的硕士生和博士生，在每次施测之前都进行问卷内容培训和施测注意事项的培训，尽量降低主试方面带来的误差。

4. 问卷整理及数据录入

将回收的问卷进行初次整理并剔除包括重要信息遗漏、规律作答以及前后矛盾等无效问卷之后进行编号，再录入数据。

（四）数据分析

采用 SPSS16.0 软件对数据进行录入和管理，使用 SPSS16.0 和 AMOS16.0 对数据进行统计分析。具体分析方法如下：

1. 对青少年的需求程度、需求满足及缺失程度等相关变量进行描述性统计、方差分析，以探讨青少年心理需求、需求满足及其满足缺失、网络满足优势的特点。

2. 采用相关分析和方差分析探讨需求满足缺失、网络满足优势和青少年网络成瘾的关系。

3. 采用分层线性回归分析需求程度、网络满足、现实满足、需求满足缺失以及网络满足优势和青少年网络成瘾之间的关系。

4. 使用 AMOS16.0 对需求程度、网络满足、现实满足、和青少年网络成瘾之间的关系模型进行验证。

5. 使用 AMOS16.0 对需求满足缺失、网络满足优势和青少年网络成瘾间关系模型进行检验。

第二节　青少年心理需求量表的修订

一、探索性因素分析

将正式施测数据随机分成两部分，其中 2423 份数据用于探索性因素分析，另一半，即 2454 份数据用于验证性因素分析。问卷 KMO=0.966，Bartlett 球形检验 $x^2 = 7165.4$，p<0.001，表明本分问卷适合进行因素分析。

运用主成分分析法进行因素分析。因为本研究假定因子之间存在相关，故采用斜交旋转（delta=0）。探索性因素分析后，得出 8 个特征根大于 1 的公因子。从碎石图发现，8 个因子比较合适，而且从项目关系以及原有的大学生心理需求量表的结构来看，8 个因子的结构也能够较好地体现出青少年心理需求的理论构想。因此确定抽取 8 个因子。根据项目载荷表，对满足以下三个标准中任何一个的项目进行删除：

项目载荷过低：项目的最大载荷＜ 0.30 ；

交叉载荷过高：最大的两个交叉载荷绝对值均≥ 0.40 ；

交叉载荷过于接近：最大的两个交叉载荷绝对值之差＜0.10。

根据上述标准删除了 12 个项目。对剩下的 35 个项目再次以 8 个因子做探索性因素分析。KMO=0.966，Bartlett 球形检验 x^2 = 4876.4，p<0.001。最后得到的 8 个因子可以解释 64.29% 的变异方差。8 个因子分别命名为自主需求、娱乐需求、交往需求、成就需求、影响需求、认同需求、表达需求和信息需求。

表 7-1　青少年心理需求网络满足问卷的因子载荷表项

项目（缩略）	因子1	因子2	因子3	因子4	因子5	因子6	因子7	因子8
7. 自由决定生活	-.755							
38. 不必服从他人要求	-.744							
33. 做事不受控制	-.427							
46. 决定做事方式	-.408							
42. 自己事情自己做主	-.385							
12. 做想做的事情	-.370							
37. 填补空虚生活		.694						
45. 找乐获得愉悦感		.617						
18. 忘掉烦恼		.587						
40. 摆脱苦闷		.314						
32. 打发时间		.310						
22. 认识新朋友			.697					
21. 了解他人看法			.614					
29. 接触有意思的人			.445					
16. 与朋友互相帮助			.348					
6. 容易完成任务				.635				
4. 充分自信				.517				
5. 轻松获得成就感				.430				
39. 活动中优势地位					.628			
8. 言行带动他人					.619			
20. 对他人有影响力					.587			
43. 比他人更强大					.576			
34. 团队中领导作用					.456			
27. 提升群体地位					.445			
47. 做事超越对手					.443			
17. 才能获得认可						.559		

续表

项目（缩略）	因子1	因子2	因子3	因子4	因子5	因子6	因子7	因子8
23. 得到他人尊重						.535		
13. 认同我的观点						.546		
30. 观点引起共鸣						.364		
19. 自在表达想法							.723	
26. 不加掩饰地表达							.539	
35. 获取多的信息								.708
14. 了解兴趣领域								.670
44. 多个途径获取信息								.652
28. 快速收集资料								.403

注：只显示 0.30 以上的载荷

二、验证性因素分析

对正式施测数据另外一半的 2454 份数据进行验证性因素分析，根据探索性因素分析的结果，用 Amos 16.0 软件对青少年心理需求网络满足量表进行 8 因子 35 个项目的验证性因素分析，结果发现模型拟合良好。模型拟合参数见表 7-2。

表 7-2 验证性因素分析模型拟合指标

拟合指标	x^2	df	x^2/df	RMSEA	NFI	CFI	GFI
	6352.00	413	15.38	0.056	0.91	0.92	0.91

三、信度分析

选用内部一致性系数、分半信度作为问卷的信度指标，结果显示，各维度的 Cronbach α 系数在 0.68 ～ 0.88 之间，总量表的 Cronbach α 为 0.97；各维度的分半信度在 0.64 ～ 0.88 之间，总量表的分半信度为 0.97，说明该量表具有较好的信度。具体结果见表 7-3。

表 7-3 青少年心理需求网络满足问卷的信度系数

	自主需求	娱乐需求	交往需求	成就需求	影响需求	认同需求	表达需求	信息需求	总量表
Cronbach α	0.87	0.75	0.79	0.76	0.88	0.78	0.68	0.80	0.97
分半信度	0.88	0.70	0.79	0.64	0.87	0.79	0.68	0.81	0.97

同时，问卷分为心理需求程度、现实满足程度以及网络满足程度三个分问卷，因此本研究同时考察了需求程度和现实满足两个分问卷的内部一致性和分半信度。结果显示两个分量表的信度指标均达到测量学标准。具体结果见表 7-4 和表 7-5。

表 7-4 需求程度的 8 维度的内部一致性和分半信度

	自主需求	娱乐需求	交往需求	成就需求	影响需求	认同需求	表达需求	信息需求	总量表
Cronbach α	0.84	0.79	0.77	0.71	0.86	0.79	0.69	0.81	0.92
分半信度	0.83	0.72	0.78	0.56	0.82	0.77	0.69	0.81	0.97

表 7-5 现实满足分问卷的 8 维度的内部一致性和分半信度

	自主需求	娱乐需求	交往需求	成就需求	影响需求	认同需求	表达需求	信息需求	总量表
Cronbach α	0.82	0.76	0.75	0.68	0.84	0.75	0.66	0.77	0.96
分半信度	0.81	0.72	0.75	0.55	0.81	0.75	0.66	0.77	0.92

四、效度分析

内容效度上，青少年心理需求网络满足量表的编制遵循了以下几点：（1）以大学生心理需求量表为基础，主要维度参考了大学生心理需求量表对心理需求的理论构想；（2）为保证该量表适合青少年群体，对 10 位青少年进行了半结构化的访谈，并且针对原有维度和项目进行项目的逐一反馈；（3）在正式施测前，进行问卷的初测，以检验项目的载荷和语言使用是否符合青少年群体的习惯和实际情况；（4）邀请了心理测量和青少年健康发展方面的专家对项目和结构进行评议，并根据意见做了修改。以上措施能在一定程度保证量表的内容效度。

结构效度上，对青少年心理需求网络满足问卷进行了各维度之间以及维度和总分间的相关分析。各分量表维度间呈中等偏上相关，说明维度之间具有一定的独立性同时又彼此相关；而各维度与分问卷总分的相关基本上都达到了高相关且达到显著水平，说明各个维度较好地反映了问卷要测查的内容。同时，验证性因素分析的结果显示 8 因子的模型拟合良好。以上结果表明本问卷具有较好的结构效度。

表 7-6　需求满足分量表各维度之间以及与问卷总分间的相关矩阵（r）

	自主	娱乐	交往	成就	影响	认同	表达	信息
自主	1.00							
娱乐	.73**	1.00						
交往	.73**	.68**	1.00					
成就	.66**	.66**	.64**	1.00				
影响	.79**	.71**	.79**	.68**	1.00			
认同	.74**	.69**	.79**	.66**	.81**	1.00		
表达	.68**	.62**	.69**	.57**	.71**	.71**	1.00	
信息	.72**	.69**	.71**	.68**	.71**	.75**	.65**	1.00
总分	.90**	.85**	.87**	.79**	.92**	.89**	.79**	.85**

同样，分别对需求分量表和现实满足分量表的各维度相关以及维度和总分间的相关进行分析，结果显示也均显示量表具有较好的结构效度。

表7-7 需求分量表各维度之间以及与问卷总分间的相关矩阵（r）

	自主	娱乐	交往	成就	影响	认同	表达	信息
自主	1.00							
娱乐	.71**	1.00						
交往	.67**	.65**	1.00					
成就	.55**	.50**	.53**	1.00				
影响	.73**	.67**	.71**	.57**	1.00			
认同	.72**	.64**	.74**	.57**	.81**	1.00		
表达	.65**	.61**	.67**	.49**	.68**	.70**	1.00	
信息	.69**	.61**	.80**	.51**	.71**	.71**	.64**	1.00
需求总分	.88**	.82**	.84**	.69**	.90**	.88**	.79**	.83**

表7-8 现实满足分量表各维度之间以及与问卷总分间的相关矩阵（r）

	自主	娱乐	交往	成就	影响	认同	表达	信息
自主	1.00							
娱乐	.63**	1.00						
交往	.65**	.58**	1.00					
成就	.52**	.41**	.51**	1.00				
影响	.73**	.61**	.69**	.55**	1.00			
认同	.69**	.57**	.73**	.54**	.78**	1.00		
表达	.62**	.54**	.61**	.46**	.65**	.64**	1.00	
信息	.67**	.57**	.68**	.50**	.71**	.69**	.59**	1.00
总分	.87**	.74**	.83**	.66**	.91**	.87**	.75**	.83**

因此，综合以上分析可以得知，青少年心理需求网络满足量表达到了测量学标准，具有较好的信效度，可以作为调查和测量中国青少年与网络使用相关的心理需求程度及其满足的测量工具。

第三节 青少年心理需求及其满足的特点

一、青少年心理需求特点

首先，对青少年的心理需求程度在人口学变量上进行差异比较分析。以青少年心理需求程度各维度以及总分为因变量，性别（男、女）、学校类型（普通中学、重点中学、职业中学）、初高中分组以及家庭经济收入（低、中、高）为自变量进行MANOVA分析。

表 7-9　青少年心理需求性别、学校类型、教育程度及经济收入分组比较

	自主需求 M(SD)	娱乐需求 M(SD)	交往需求 M(SD)	成就需求 M(SD)	影响需求 M(SD)	认同需求 M(SD)	表达需求 M(SD)	信息需求 M(SD)	总分 M(SD)
总体	3.78 (.89)	3.52 (.95)	3.61 (.91)	3.39 (.94)	3.57 (.90)	3.67 (.91)	3.66 (1.04)	3.64 (.95)	3.61 (.78)
男	3.76 (.92)	3.60 (.97)	3.54 (.96)	3.39 (.99)	3.62 (.94)	3.62 (.96)	3.64 (1.07)	3.63 (.99)	3.61 (.82)
女	3.90 (.92)	3.53 (.93)	3.68 (.86)	3.48 (.89)	3.60 (.85)	3.78 (.86)	3.78 (1.00)	3.75 (.91)	3.75 (.74)
F	9.42**	.01	3.27	.45	1.80	9.10**	9.71**	1.73	2.00
初中	3.78 (.91)	3.61 (.99)	3.59 (.94)	3.36 (.97)	3.60 (.93)	3.65 (.94)	3.70 (1.08)	3.64 (.99)	3.63 (.80)
高中	3.85 (.87)	3.51 (.90)	3.62 (.87)	3.49 (.91)	3.62 (.86)	3.73 (.88)	3.71 (.99)	3.72 (.91)	3.66 (.75)
F	.42	.99	.18	1.63	.06	.59	.00	.65	.17
职高	3.66 (.91)	3.59 (.93)	3.35 (.90)	3.20 (.89)	3.44 (.88)	3.50 (.89)	3.56 (1.00)	3.42 (.91)	3.48 (.77)
普通	3.82 (.91)	3.57 (.96)	3.48 (.93)	3.48 (.96)	3.61 (.91)	3.71 (.92)	3.67 (1.06)	3.68 (.97)	3.65 (.79)

续表

	自主需求 M(SD)	娱乐需求 M(SD)	交往需求 M(SD)	成就需求 M(SD)	影响需求 M(SD)	认同需求 M(SD)	表达需求 M(SD)	信息需求 M(SD)	总分 M(SD)
重点	3.95 (.85)	3.52 (.96)	3.56 (.89)	3.56 (.94)	3.74 (.88)	3.82 (.90)	3.85 (1.03)	3.89 (.93)	3.76 (.75)
F	4.71**	.75	7.48**	3.12*	5.16**	3.52*	6.31**	12.61***	5.12**
低	3.68 (.90)	3.48 (.93)	3.54 (.93)	3.26 (.92)	3.47 (.90)	3.54 (.91)	3.68 (1.02)	3.59 (.97)	3.53 (.78)
中	3.85 (.87)	3.56 (.96)	3.60 (.90)	3.37 (.95)	3.61 (.90)	3.72 (.91)	3.66 (1.05)	3.66 (.97)	3.64 (.77)
高	3.93 (.91)	3.62 (.99)	3.68 (.91)	3.66 (.96)	3.74 (.90)	3.82 (.92)	3.77 (1.07)	3.80 (.95)	3.76 (.79)
F	2.40	.94	.79	5.22**	2.49	3.12*	.37	1.40	2.57

多元方差分析的结果显示，在整体性检验中，性别和学校类型的主效应显著，（Wilks'λ=.982，F=8.62***，η^2=.018，OP=1.00；Wilks'λ=.982，F=4.16***，η^2=.009，OP=1.00），性别和教育程度的交互作用以及教育程度和学校类别的交互作用显著（Wilks'λ=.996，F=1.91*，η^2=.004，OP=.843；Wilks'λ=.982，F=1.66*，η^2=.004，OP=.952）。具体差异比较的结果见表7-9。

总体上青少年的心理需求总分及各维度平均分大多数都在3.50分以上，说明青少年的需求程度整体来说都较为强烈，其中自主需求和认同需求分数最高，反映了青少年对于独立自主和获得他人认可的渴望。

MANOVA的分维度检验结果显示，青少年的心理需求在性别和不同学校类型间表现出了一定的群体性特征，具体如下：

第一，女生在自主需求、认同需求和表达需求上显著高于男生。

第二，初、高中生在心理需求程度上不存在显著差异。

第三，不同类型学校的青少年心理需求存在差异，主要体现在重点中学学生的心理需求普遍偏高，而职业中学学生的心理需求程度相对来说较低，这种差异性在除了娱乐需求之外的自主、交往、成就、影响、认同、表达和信息需求上均达到了显著性。事后多重比较分析发现，除成就需求之外，其余显著的 6 个维度，即自主需求、人际交往、影响力需求、认同、表达和认知需求均是在三个不同的学校类型间差异显著。在成就需求上，职业高中显著低于普通中学、重点中学间均差异显著，而普通和重点中学的组间差异只有边缘显著（P=0.051）。

第四，总体来看，来自不同家庭收入的青少年的心理需求程度差异并不显著，只有在成就需求和认同需求上才存在显著差异，高收入家庭的青少年显著高于中、低收入家庭的青少年。

第五，从需求的各维度来看，青少年的娱乐需求在不同群体中均不存在差异，这也在一定程度上显示了娱乐需求作为青少年基本需求的普遍性。

进一步对性别和教育程度的交互作用进行简单效应分析发现，初中的女生在自主需求（F=26.38，P<0.001）、交往需求（F=22.16，P<0.001）、成就需求（F=6.04，P<0.05）、认同需求（F=12.24，P<0.001）、表达需求（F=19.66，P<0.001）和信息需求（F=6.77，P<0.01）上均显著高于男生；高中的女生则只有在自主需求（F=8.06，P<0.01）、认同需求（F=6.85，P<0.01）、表达需求（F=12.51，P<0.001）和信息需求（F=5.09，P<0.05）上显著高于男生。男生群体中，初高中心理需求均不存在显著差异；女生群体中，高中生在娱乐需求（F=4.32，P<0.05）、交往需求（F=33.03，P<0.001）、影响需求（F=10.54，P<0.01）、表达需求（F=3.85，P=0.05）和信息需求（F=6.46，P<0.05）上显著高于初中生。

二、青少年需求程度、现实满足和网络满足差异比较

为探讨青少年心理需求的现实满足程度和网络满足特点以及是否存在需求满足缺失和网络满足优势，对现实满足和网络满足进行方差分析以探讨青少年心理需求满足的特点，在不同群体中对需求程度、现实满足和网络满足总体平均分进行重复测量方差分析，以考察是否存在需求满足缺失和网络满足优势。具体结果如表7-10所示。

表7-10 青少年心理需求、现实满足和网络满足的差异比较

		需求程度 M(SD)	现实满足 M(SD)	网络满足 M(SD)	F
总体		3.62(.77)	3.33(.71)	3.40(.86)	384.18***
性别	男	3.61(.82)	3.30(.74)	3.41(.88)	123.09***
	女	3.75(.74)	3.32(.67)	3.38(.84)	293.21***
	F	2.00	0.27	6.10*	
教育水平	初中	3.63(.80)	3.33(.75)	3.40(.91)	186.16***
	高中	3.66(.75)	3.30(.67)	3.44(.79)	219.52***
	F	.17	.10	.95	
学校类型	职高	3.48(.77)	3.25(.70)	3.39(.83)	54.52***
	普通	3.65(.79)	3.32(.72)	3.42(.86)	190.49***
	重点	3.76(.75)	3.35(.72)	3.43(.88)	137.53***
	F	4.96**	.41	.36	
家庭收入	低	3.53(.78)	3.20(.73)	3.35(.84)	139.42***
	中	3.64(.77)	3.35(.69)	3.43(.84)	85.11***
	高	3.76(.79)	3.39(.75)	3.49(.91)	86.45***
	F	2.57	2.30	2.41	

总体来看，青少年群体中需求程度显著高于现实满足程度，存在着需求满足缺失，但是并不存在网络满足优势。MANOVA 分析结果显示，现实满足在各个不同群体中均不存在显著差异，而网络满足的差异只表现在性别之间，女生的网络满足显著低于男生。

分群体的重复测量方差结果显示，心理需求程度、现实满足和

网络满足的差异在不同性别、教育程度、学校类型和家庭收入间均达到了显著性。对女生群体来说，进一步的配对 T 检验发现女生的需求程度显著高于现实和网络满足程度，而网络和现实满足间无显著差异，这意味着对于女生来说，存在着心理需求的满足缺失，但是网络满足相较于现实满足的优势并不存在；而对于男生来说，需求程度也显著高于现实和网络满足（P<0.001），同时网络满足显著高于现实满足（P<0.001），这说明在男生中既存在着需求满足的缺失，也存在着网络满足优势。

对于初高中生群体来说，在重复测量方差分析结果显著的基础上进行配对 T 检验，结果显示，需求程度显著高于现实和网络满足（P<0.001），即存在着需求满足缺失，但是网络和现实满足间无显著差异（P=0.35），无网络满足优势；而对于高中生来说，则是除了需求程度显著高于现实和网络满足之外（P<0.001），同时网络满足也显著高于现实满足（P<0.001），即在高中生群体中同时存在着心理需求缺失和网络满足优势。这也和前面的分析结果发现高中生的网络成瘾得分显著高于初中生相一致，也许其和高中生和初中生之间的不同网络满足和现实满足特点有关。

不同学校类型间重复测量方差分析发现，需求和满足变量间的差异也达到了显著的水平。配对 T 检验显示，在普通中学和职高学生中，均是三个变量间差异显著（P<0.001），即需求程度显著高于满足变量，而网络满足高于现实满足；在重点中学学生中，则只有需求显著高于满足变量（P<0.001），而在网络和现实满足间差异不显著（P=0.36）。这说明在职业高中和普通高中学生中，同时存在着需求满足缺失和网络满足优势，而重点中学学生中则不存在网络满足优势。该结果也和前面的结果中重点中学学生的网络成瘾程度最低相一致。

来自不同家庭收入的青少年中，组内的重复测量方差分析发现，每个群体内的青少年在需求和满足变量间的差异也达到了显著的水平。配对T检验发现，在低收入和高收入家庭的青少年中，都是需求程度十分显著高于满足程度（P<0.001），而网络满足显著高于现实满足（P<0.05）；而在中等收入家庭青少年中，这种三个变量间的差异均达到了十分显著的水平（P<0.001），即在不同收入类型中的青少年，均存在需求满足缺失和网络满足优势。

第四节
需求程度、需求满足对青少年网络成瘾的作用

一、需求程度、需求满足与网络成瘾的相关分析

分别对青少年的需求程度、现实满足、网络满足与网络成瘾均分进行相关分析，结果发现，除需求程度外，其他变量均和网络成瘾相关显著，其中需求的网络满足和网络成瘾显著正相关，需求的现实满足和网络成瘾显著负相关，具体相关结果见表7-11。

表7-11　青少年心理需求、现实满足和网络满足和网络成瘾的相关矩阵

	1	2	3	4
1 网络成瘾	1			
2 需求程度	-0.03	1		
3 网络满足	0.24**	0.55**	1	
4 现实满足	-0.08*	0.61**	0.57**	1

二、需求程度、需求满足对网络成瘾的作用模型

进一步对需求程度和需求满足对网络成瘾的作用进行探讨，采

用结构方程模型对假设模型进行验证，研究结果发现，现实满足和网络满足均能预测网络成瘾，其中现实满足负向预测，而网络满足正向预测。同时网络满足亦能部分中介现实满足对网络成瘾的作用。具体模型见下图 7-3。

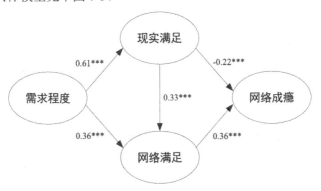

图 7-3　需求程度、需求满足与青少年网络成瘾的关系模型

第五节
需求满足缺失、网络满足优势
对青少年网络成瘾的作用

一、需求满足缺失、网络满足优势与网络成瘾的相关分析

本研究的结果显示，青少年中普遍存在着心理需求满足的缺失以及网络满足优势，同时根据心理需求的网络成瘾理论以及心理需求的网络满足补偿模型（万晶晶，2007），在个体与网络互动的过程中，需求程度和网络满足程度均不是造成其网络成瘾的直接原

因，而是网络满足优势在其中起到了直接的作用。同时，根据本研究的假设，需求满足的缺失是导致青少年去寻找网络满足的一大先决条件，因此，本研究将集中探讨需求满足缺失和网络满足优势与青少年网络成瘾的关系。

根据青少年现实满足和网络满足的特点，建立心理需求满足缺失变量以及网络满足优势变量，即需求满足缺失 = 需求程度－现实满足程度，网络满足优势 = 网络满足－现实满足。首先考察这两个变量在人口学变量上的基本特点，结果见表 7-12。

表 7-12　需求满足缺失和网络满足优势的特点分析

		需求满足缺失 M(*SD*)	网络满足优势 M(*SD*)
总体		.27(.64)	.06(.76)
性别	男	.24(.67)	.10(.88)
	女	.30(.61)	.02(.84)
	F	9.39**	12.41***
教育水平	初中	.25(.67)	.02(.83)
	高中	.29(.60)	.11(.66)
	F	3.85	17.95***
学校类型	职高	.22(.57)	.08(.67)
	普通	.28(.65)	.07(.75)
	重点	.30(.69)	.01(.85)
	F	6.71**	3.15
家庭收入	低	.27(.61)	.05(.72)
	中	.24(.63)	.06(.74)
	高	.33(.71)	.09(.85)
	F	6.05**	.84

多元方差分析的结果显示，青少年的心理需求满足缺失在性别、学校类型和家庭收入上均表现出了差异。其中，女生的心理需求满足缺失显著高于男生；学校类型间的事后多重比较发现职业高中学生的心理需求缺失显著低于普通中学学生（MD = －.06，

P<0.01）和重点中学学生（MD= - .09，P<0.001）；普通中学学生心理需求缺失低于重点中学学生（MD= - .03，P<0.05）。在网络满足优势上，重点中学学生低于普通中学学生（MD= - .06，P<0.05）和职高学生（MD= - .07，P<0.05）。不同家庭收入的青少年的差异只体现在心理需求缺失上，事后多重比较发现，高收入家庭的青少年心理需求缺失显著高于中收入家庭青少年（MD=.03，P<0.01）和低收入家庭青少年（MD=.06，P<0.05），而中、低收入家庭的青少年差异不显著。

然后分别对两个变量与网络成瘾的关系进行相关分析，结果如表7-13所示。

表7-13　现实满足缺失、网络满足优势与网络成瘾的相关分析

	总分	突显性	耐受性	戒断症状	心境改变	社交抚慰	消极后果
现实满足缺失	0.16**	0.16**	0.08**	0.12**	0.22**	0.19**	0.04*
网络满足优势	0.30**	0.27**	0.18**	0.23**	0.32**	0.33**	0.15**

相关分析的结果显示，需求满足缺失与网络满足优势和青少年网络成瘾的相关均达到了显著的水平，因此，进一步通过对不同成瘾程度的分组差异比较来考察需求满足缺失以及网络满足优势与网络成瘾的关系。

二、需求满足与网络成瘾：不同成瘾程度间的分组比较

根据青少年的网络成瘾得分将其划分成正常组、倾向组和成瘾组，分别比较三个组在心理需求满足缺失和网络满足优势上的差异。具体结果如表7-14所示。

表7-14 心理需求满足缺失在不同网络成瘾程度上的差异比较

	自主 M(SD)	娱乐 M(SD)	交往 M(SD)	成就 M(SD)	影响 M(SD)	认同 M(SD)	表达 M(SD)	信息 M(SD)	总分 M(SD)
正常	.40 (.83)	.25 (.84)	.20 (.76)	.17 (.83)	.26 (.75)	.22 (.79)	.31 (1.04)	.29 (.81)	.25 (.62)
倾向	.53 (1.07)	.24 (1.01)	.36 (.86)	.18 (.91)	.24 (.83)	.32 (.96)	.28 (1.15)	.32 (.95)	.31 (.73)
成瘾	.55 (.98)	.43 (.99)	.39 (.91)	.26 (.99)	.38 (.88)	.48 (.88)	.52 (1.17)	.43 (.94)	.41 (.76)
F	8.12***	9.00***	15.81***	2.12	5.03**	19.61***	7.82***	5.84**	12.98***

结果显示，总体上，成瘾组的需求满足缺失得分最高，且这种差异在所有维度上均达到了显著差异。Post hoc 检验显示，需求满足缺失总分在正常和成瘾间差异十分显著（P<0.001）；分维度上，自主需求满足缺失在成瘾和倾向间的差异不显著（P=0.73），其余组间差异均显著；娱乐、影响、认同和表达四个维度上的需求满足缺失，均表现为成瘾和其他两组差异显著，而倾向和正常间差异不显著；交往需求满足缺失上，正常组和倾向组、成瘾组均差异显著，倾向组和成瘾组间差异不显著（P=0.65）；成就需求和信息需求的满足需求上，则只有成瘾组和正常组间差异显著（P=0.04）。

不论是从总分还是分维度来看，总的来说，需求满足缺失在成瘾组和正常组间差异显著，而成瘾组和倾向组的组间差异不显著。

对网络满足优势同样进行三个组的组间差异比较，结果见表7-15。

表7-15 网络满足优势在不同网络成瘾程度上的差异比较

	自主 M(SD)	娱乐 M(SD)	交往 M(SD)	成就 M(SD)	影响 M(SD)	认同 M(SD)	表达 M(SD)	信息 M(SD)	总分 M(SD)
正常	.04 (.92)	.06 (.92)	-.08 (.92)	.05 (1.07)	-.02 (.85)	-.06 (.88)	.03 (1.09)	.09 (.92)	.01 (.75)
倾向	.30 (.92)	.24 (.82)	.22 (.89)	.27 (.97)	.23 (.76)	.20 (.89)	.18 (1.06)	.30 (.87)	.25 (.68)

续表

	自主 M(SD)	娱乐 M(SD)	交往 M(SD)	成就 M(SD)	影响 M(SD)	认同 M(SD)	表达 M(SD)	信息 M(SD)	总分 M(SD)
成瘾	.90 (.96)	.41 (.97)	.42 (.93)	.43 (1.15)	.41 (.87)	.36 (.94)	.45 (1.21)	.48 (.98)	.42 (.76)
F	178.38***	31.80***	66.27***	28.83***	55.17***	52.90***	29.97***	39.88***	66.68***

结果显示，在网络满足优势维度上，均是成瘾组的得分最高，正常组的得分最低，倾向组的得分介于二者之间。这种差异在除了成就维度之外的其他所有维度上均在三个组间达到显著水平。成就维度上，正常组显著低于倾向组和成瘾组，而倾向和成瘾间差异不显著（P=0.07）。

从以上结果可知，在需求满足缺失以及网络满足优势上，成瘾组和倾向组青少年相对于正常组来说均表现为满足缺失较多，同时报告了更多的网络满足优势。

三、需求满足缺失和网络满足优势对青少年网络成瘾的预测作用

为探讨在需求满足缺失和网络满足优势对青少年网络成瘾的预测作用，在控制相关人口学变量的前提下，以青少年网络成瘾均分作为因变量，需求满足缺失和网络满足优势作为自变量，进行分层回归分析。具体结果见表7-16。

表7-16　需求满足缺失、网络满足优势对青少年网络成瘾的回归方程

		β	t	R^2	F	$\triangle R^2$	$\triangle F$
方程1	性别	-.15	-9.06***	0.05	43.46***	0.05	43.46***
	教育程度	.07	3.46**				
	学校类型	-.11	-5.25***				
	家庭收入	-.01	-.63				

		β	t	R^2	F	△R^2	△F
方程 2	性别	-.15	-9.53***	0.08	59.47***	0.03	117.76***
	教育程度	.05	2.71**				
	学校类型	-.13	-6.30***				
	家庭收入	-.01	-.57				
	需求满足缺失	.18	10.85***				
方程 3	性别	-.13	-8.31***	0.13	90.20***	0.05	225.02***
	教育程度	.04	2.30*				
	学校类型	-.11	-5.08***				
	家庭收入	-.02	-1.06				
方程 3	需求满足缺失	.07	3.85***				
	网络满足优势	.26	15.00***				

回归分析的结果显示，在控制了相关人口学变量之后，需求满足缺失在方程 2 中对青少年的预测系数显著，当网络满足优势进入之后，需求满足缺失对青少年的预测作用有所降低，但是仍然显著，这说明网络满足优势可能部分解释了需求满足缺失对青少年网络成瘾的影响。同时，方程 3 中需求满足缺失和网络满足优势的预测系数均显著也表明心理需求满足缺失和网络满足优势均影响着青少年的网络成瘾。

第六节　基于数据的关系模型讨论

一、青少年心理需求及其满足的基本特点

本研究发现，青少年和网络相关的心理需求包括自主需求、娱

乐需求、交往需求、成就需求、影响需求、认同需求、表达需求以及信息需求，大部分的心理需求在青少年的报告中显示都较为强烈，青少年尤其强调独立自主和获得他人认可的需要。这和青少年这一时期的发展特点有关，一方面，青少年时期的发展特点使得青少年渴望寻求独立自主（Erikson，1968）；另一方面，其仍处于自我意识不够完善的阶段，对自我的认识和接纳更多来来源于外界的信息（林崇德，李庆安，2005），他人认可是其在寻求独立自主过程中重要的信心来源。

除此之外，本研究发现在心理需求程度上存在着性别差异，女生的心理需求程度普遍高于男生，并且在自主、认同和表达需求上达到了统计学的显著水平。这在一方面反映了女性和男性在和人交流和表达上的性别差异（邓丽芳，郑日昌，2003），另一方面女生的自主和认同需求程度更高可能也提示着在中国文化传统性别角色的影响下，父母对于女孩的养育方式可能较少去关注其独立自主和获得认同等需求（张林，邓小平，2008）。

从需求满足和需求程度的对比上来看，青少年群体中普遍存在着需求满足缺失和网络满足优势，同时，也存在着性别差异。女生的需求程度显著高于男生，但是网络满足却显著低于男生；从另一方面来看，女生的需求满足缺失显著高于男生，但是网络满足优势却显著低于男生。这个结果可能和男女生在网络使用内容上的不同有关，有研究发现男生比女生更多地使用网络游戏等互动和卷入较多的内容（罗喆慧，万晶晶，刘勤学等，2010），这就可能使得男生获得的网络满足更多，网络满足优势也就更加突出。其次，男女生在网络满足程度上存在差异，男生的网络满足程度显著高于女生，这也可以部分解释男生的网络成瘾率高于女生的现象（万晶晶，张锦涛，刘勤学，方晓义等，2010）。

二、青少年心理需求与大学生心理需求的差异分析

本研究发现，青少年的心理需求包括八个方面，分别是自主需求、娱乐需求、交往需求、成就需求、影响需求、认同需求、表达需求以及信息需求。这和大学生的心理需求既具有相同之处，也存在部分差异。首先，万晶晶等人（2010）通过对 1183 名大学生的研究发现，大学生普遍存在 8 种需求，分别为权力需求、认同需求、迎接挑战需求、人际交往需求、逃避现实需求、自主需求、认知需求和成就需求。通过比较青少年和大学生的需求内容可以发现，青少年和大学生的主要需求是一致的，即都看重自主、朋友交往、他人认可、轻松成就、娱乐休闲、信息等方面的需求，这个结果一方面可以体现出青春期到青年期发展的延续性，同时另一方面也可以看出当代青年在主要诉求上的一致性。而青少年和大学生心理需求的主要差异在于，相对大学生而言，独立自主对青少年来说显得更为重要，而非大学生所认为的迎接挑战需求，这也可以很好地体现出个体在不同的人生阶段的发展特点，青少年还处于想要独立自主但是又不得不依赖于父母的一个矛盾期（Erikson，1968；Barber，Olson，& Shagle，1994），但是大学生在进入大学之后相对自由许多，同时由于一般大学生都已经成年，且离家求学，父母的监管力度相对会大幅下降，大学生的独立自主需求基本上都能满足。但是大学生作为独立的个体，对于自信心和自我评价的完善，急需外界的认同，寻求一定难度的挑战则是其中很好的途径。此外，青少年的自由表达需求也是相对大学生来说较为不一样的地方，在青少年群体中，学业压力相对较大，也没有像大学生那样可以参与社团活动或者社会实践的机会可以表达自己的观点和看法，因此对于青少年群体来说，自由表达的需求就显得更为重要了。这也是现在越来越多

的青少年热衷于网络博客、个人空间的原因之一（CNNIC，2010）。

三、需求程度、需求满足及网络满足优势对青少年网络成瘾的作用

本研究结果发现，个体的需求程度本身并不对青少年网络成瘾具有直接的预测作用，而是其在现实和网络中的满足程度会影响网络成瘾程度。该结果很好地诠释了 Suler（1999）的观点，其认为个体对于网络的激情和渴望本身有可能是健康的，也有可能是病态成瘾的，或者是在二者之间。而决定个体处于这个健康与成瘾连续体位置的因素则是个体的需求种类以及网络如何满足这些需求的方式和程度。个体已有的需求程度是行为的前提条件，但是不同满足方式对其需求的满足程度则会影响其行为是否是健康还是成瘾。已有的研究也发现了类似的结果，针对大学生群体的研究发现，与非网络成瘾大学生相比，网络成瘾大学生的心理需求的网络满足更高而现实满足更低，但两组大学生的心理需求程度并无明显差异；网络成瘾大学生的心理需求与网络满足的相关高于与现实满足的相关，但非成瘾大学生不存在这种差异；心理需求现实满足高但网络满足低的大学生网络成瘾的比率最低，而心理需求现实满足低网络满足高的大学生网络成瘾的比率最高（邓林园，方晓义，万晶晶，张锦涛，夏翠翠，2012）。该研究结果也提示在大学生的网络成瘾中，可能存在着网络满足的补偿机制。类似地，基于自我决定理论的研究也发现了需求的现实满足和网络满足对小学生的网络使用具有预测作用。基于北京市 637 名小学生的调查研究发现，心理需求的网络满足会带来较多的网络使用，具有更多的积极网络情感体验，而需求的现实满足则则预测较少的网络使用，带来更少的负面影响和更多的积极情感（Shen，Liu，&Wang，2013）。

而本研究进一步探讨了网络的满足优势对青少年网络成瘾的作用，个体的需求满足缺失程度并不会直接导致个体的网络成瘾行为，但是网络满足的优势效应会导致个体沉迷网络。换句话说，如果个体处于心理需求满足极度缺失的情况，只要通过合适的途径，进行满足和缓解，也有可能不会网络成瘾。但是现在信息社会，为青少年的需求满足途径的选择提供了最为方便快捷的方式，并且该方式与其他方式相比，对青少年而言，具有较大的优势。正是网络的满足优势的存在，导致青少年会越来越倾向于选择网络来满足自己的心理需求，逐渐成为习惯和首选，并最终发展成为成瘾行为。

第七节　小结

1. 青少年和网络相关的心理需求主要包括8个方面，分别是自主需求、娱乐需求、交往需求、成就需求、影响需求、认同需求、表达需求以及信息需求，其中青少年的独立自主和获得他人认可的需要尤其强烈。

2. 青少年群体中普遍存在着心理需求满足缺失和网络满足优势，同时也存在着性别差异，主要表现为男生的需求满足缺失小于女生，但网络满足优势却高于女生。

3. 需求满足和青少年的网络成瘾显著相关，具体来说，现实满足和网络成瘾负相关，网络满足和网络成瘾正相关；需求满足缺失和网络满足优势均和网络成瘾正相关。

4. 网络满足和现实满足均能预测网络成瘾，其中网络满足正向预测，而现实满足负向预测。

5. 网络满足优势完全中介了需求满足缺失对网络成瘾的作用。

第八章

内外因共同作用的网络成瘾机制探讨

第一节 研究思路及方法

一、研究思路和假设

本研究旨在从内外因共同作用的角度，探讨亲子互动、需求满足对青少年网络成瘾的共同作用模型，主要探讨以下两个问题：（1）青少年的亲子互动和心理需求满足缺失的关系；（2）青少年的亲子互动、心理需求满足缺失、网络满足优势与网络成瘾的关系模型。基于本研究的主要探讨内容和已有研究，形成了以下研究假设：

1. 亲子互动和青少年需求满足缺失显著负相关；

2. 心理需求满足缺失在亲子互动与网络成瘾的关系中起部分中介作用，并通过网络满足优势作用于青少年的网络成瘾行为。

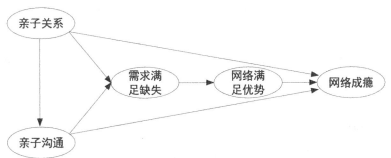

图 8-1 亲子互动、需求满足缺失、网络满足优势与青少年网络成瘾的假设模型

二、研究方法

（一）研究对象

通过分层整群取样选取的来自中国北京和济南市 5162 名青少年。具体信息参见第六章中的描述。

（二）研究工具

1. 基本人口学变量：包括性别、年龄、学校类型、年级及学习成绩等信息。

2. 家庭基本信息表：包括父母的婚姻状况、家庭结构、家庭经济收入水平、父母的受教育水平、父母的职业和职务等信息。

3. 亲子关系量表：采用 Buchnan 等人（1991）编制的亲子亲密度量表，分别对父子和母子间的关系进行评述，共 9 个项目，采用 5 点评分，从 "1，完全不符合" 到 "5，非常符合"（Buchnan，Maccoby，& Dornbush，1991）。本研究使用平均分来反映亲子关系，得分越高，表示个体与父（母）的关系越紧密。该量表在本研究中的 Cronbach α 系数为 0.911（父亲分量表）和 0.910（母亲分量表）。

4. 亲子沟通量表：采用 Barnes & Olson（1985）编制的亲子沟通量表，分为两个维度：开放式沟通和有问题的沟通，每个维度有 10 个项目，共有 20 个项目。采用 5 点计分，1 "非常不同意" 到 5 "非常同意"。在已有的研究中显示该问卷信效度良好（Collins，Newman，& McKenry，1995）。本研究使用均分进行统计分析，该量表在本研究中的 Cronbach α 系数为 0.822（父亲分量表）和 0.819（母亲分量表）。

5. 青少年网络成瘾倾向问卷：采用雷雳等人编制的青少年病理性互联网使用量表，包括 6 个维度，38 个项目，其中突显性（3 个项目），耐受性（5 个项目），强迫性上网 / 戒断症状（11 个项目），心境改变（5个项目），社交抚慰（6个项目），消极后果（8个项目），采用5点计分，1为"完全不符合"，5为"完全符合"。本研究中使用总量表及各维度均分进行统计分析，得分越高说明成瘾程度越严重。使用该量表可以将青少年网络使用行为区分为三个不同的严重程度，均分低于3分为正常，3～3.15分为网络成瘾倾向，高于3.15分为成瘾。总量表的内部一致性Cronbach α系数为.948，各因素的α系数在.81～91之间，总量表的重测信度为.857（雷雳，杨洋，2007），该量表在本研究中的Cronbach α系数为0.961。

6. 青少年心理需求满足问卷：根据大学生心理需求及满足量表（万晶晶，张锦涛，刘勤学等，2010）及青少年心理需求特点修订而成，由需求程度分量表、现实满足分量表和网络满足分量表组成，每个分问卷都有35项目，包括8个维度，分别是：自主需求、娱乐需求、交往需求、成就需求、影响需求、认同需求、表达需求和信息需求。项目为1—5的5点记分，"1"代表"非常不强烈"，"5"代表"非常强烈"；现实满足和网络满足量表中"1"代表"非常低"，"5"代表"非常高"。统计分析中使用问卷的平均分进行计算，各维度的Cronbach α系数在0.68～0.88之间，总量表的Cronbach α为0.97；各维度的分半信度在0.64～0.88之间，总量表的分半信度为0.97（见附录四）。

（三）数据分析

采用SPSS16.0软件对数据进行录入和管理，使用SPSS16.0和AMOS 16.0对数据进行统计分析。具体分析方法如下：

1. 采用相关分析和方差分析探讨亲子互动和青少年需求满足缺失的关系；

2. 采用分层线性回归分析探讨亲子互动、需求满足缺失、网络满足优势和青少年网络成瘾之间的关系；

3. 使用 AMOS 16.0 对亲子互动、需求满足缺失、网络满足优势和青少年网络成瘾间关系进行结构方程模型的检验。

第二节　基于数据的内外因变量间的关系分析

基于研究目的和研究假设，首先对需求满足缺失、网络满足优势和亲子互动进行相关分析，由表 8-1 可以看出，亲子互动和需求满足缺失以及网络满足优势均为显著负相关。

表 8-1　亲子互动和需求满足缺失、网络满足优势的相关

	亲子关系	亲子沟通
需求满足缺失	- .10**	- .14**
网络满足优势	- .13**	- .17**

然后，为了探讨需求满足缺失和亲子互动之间的关系特点，将亲子互动变量根据 27% 的标准进行分组，得到亲子互动的高、中、低三个水平，比较其心理需求满足缺失在三个不同水平的差异情况。具体结果见表 8-2。

表 8-2　心理需求满足缺失在不同亲子关系水平上的组间差异比较

	自主 M(SD)	娱乐 M(SD)	交往 M(SD)	成就 M(SD)	影响 M(SD)	认同 M(SD)	表达 M(SD)	信息 M(SD)	总分 M(SD)
低	.53(1.02)	.35(1.00)	.28(.91)	.18(.91)	.32(.89)	.29(.92)	.35(1.27)	.34(.97)	.32(.74)
中	.42(.82)	.27(.83)	.23(.74)	.18(.74)	.27(.73)	.28(.77)	.33(1.00)	.29(.78)	.27(.62)
高	.31(.72)	.17(.78)	.16(.70)	.18(.70)	.23(.79)	.16(.78)	.31(.97)	.28(.77)	.20(.59)
F	21.43***	12.95***	7.01***	0.01	4.75**	11.30***	0.60	2.08	11.89***

　　差异分析的结果显示，总体上，亲子关系得分高的需求满足缺失最少，而得分低的需求满足缺失最多。除了成就、表达和信息三个维度上的需求满足缺失差异不显著之外，其他维度在亲子关系得分的低、中、高三组间的差异均显著。

　　Post hoc 检验发现，自主、娱乐需求两个维度上，三个组间的差异均显著，即低分组的需求满足缺失显著高于中等关系组，且显著高于高亲子关系组；而在交往、影响需求和认同需求满足缺失上，高关系组显著低于中和低关系组，中、低关系两组间差异不显著。

表 8-3　心理需求满足缺失在亲子沟通上的组间差异比较

	自主 M(SD)	娱乐 M(SD)	交往 M(SD)	成就 M(SD)	影响 M(SD)	认同 M(SD)	表达 M(SD)	信息 M(SD)	总分 M(SD)
低	.63(1.04)	.44(1.00)	.32(.88)	.24(.94)	.40(.91)	.38(.93)	.44(1.21)	.41(.94)	.40(.77)
中	.36(.81)	.20(.82)	.21(.71)	.15(.83)	.23(.72)	.21(.79)	.28(1.04)	.23(.80)	.23(.61)
高	.30(.68)	.18(.71)	.15(.66)	.16(.78)	.22(.65)	.19(.71)	.29(.93)	.31(.75)	.20(.54)
F	57.15***	39.68***	15.85***	4.40*	25.42**	23.34***	10.53***	19.43***	39.75***

　　如表 8-3 所呈现的需求满足缺失在不同亲子沟通水平上差异比较，总体上也是高沟通组的需求满足缺失最少，而低沟通组的需求满足缺失最多，这种整体差异在所有维度上均差异显著。需求满足缺失总分上，低沟通组显著低于中和高沟通组（P<0.001），而中、高组间的差异不显著（P=0.24）。分维度的 Post hoc 检验发现，在自主需求和信息需求的缺失上，三个组间的差异均显著；而在其他维度上则都是低沟通组显著高于其他两组，中沟通和高沟通的组间差异不显著。

　　方差分析的结果表明，不同亲子互动水平的需求满足缺失存在差异，高亲子互动的需求满足缺失较少，而低亲子互动组的需求满足缺失较多。

第三节
亲子互动、需求满足对网络成瘾的共同作用模型

　　青少年在和父母互动的过程中，同时也经历着需求是否得到满足的一个过程，如果青少年能够在亲子互动中使其需求都能得以满足，那么网络满足优势对其可能就不复存在；反之，网络满足优势就会使青少年更多地寻求网络满足，从而沉迷网络。据此假设，控制相关的人口学变量，先进入亲子互动变量，再进入需求满足缺失，后进入网络满足优势，建立分层回归方程。变量以 enter 的方法进入，回归分析的结果见表 8-4。

表 8-4　亲子互动、需求满足缺失、网络满足优势对青少年网络成瘾的回归分析

		β	t	R^2	F	$\triangle R^2$	$\triangle F$
				.05	42.37***	.05	42.16***
方程 1	性别	-.15	-8.95***				
	教育程度	.06	3.20**				
	学校类型	-.11	-5.40***				
	家庭收入	-.01	-.51				
				.13	82.64***	.08	155.55***
方程 2	性别	-.13	-8.28***				
	教育程度	.06	3.09**				
	学校类型	-.08	-3.99***				
	家庭收入	0.00	-.24				
	亲子关系	-.05	-2.62***				
	亲子沟通	-.25	-12.06***				

续表

		β	t	R^2	F	$\triangle R^2$	$\triangle F$
				.15	81.53***	.02	65.56***
方程 3	性别	-.12	-7.50***				
	教育程度	.04	2.33*				
	学校类型	-.08	-4.31***				
	家庭收入	.01	-.71				
	亲子关系	-.04	-1.91				
	亲子沟通	-.21	-10.69***				
	需求满足缺失	.13	8.10***				
方程 4				.19	95.83	.04	168.13***
	性别	-.12	-7.66***				
	教育程度	.04	2.20				
	学校类型	-.09	-4.55***				
	家庭收入	-.01	-.68				
	亲子关系	-.04	-1.90				
	亲子沟通	-.21	-10.49***				
	需求满足缺失	.04	2.48*				
	网络满足优势	.22	12.97**				

　　回归分析的结果发现，在控制了人口学变量之后，亲子关系和亲子沟通的预测作用仍然显著；需求满足缺失的预测作用在网络满足优势进入之后有所下降，但预测系数仍然显著，同时网络满足优势的预测系数也达到显著水平，这表明二者均能预测青少年的网络成瘾，且网络满足优势能够部分解释心理需求缺失对青少年网络成瘾的影响。

　　根据回归分析的结果，建立亲子互动、需求满足缺失、网络满足优势对青少年网络成瘾的作用路径模型，采用 Amos 16.0 进行结构方程模型的检验。具体结果见图 8-2。

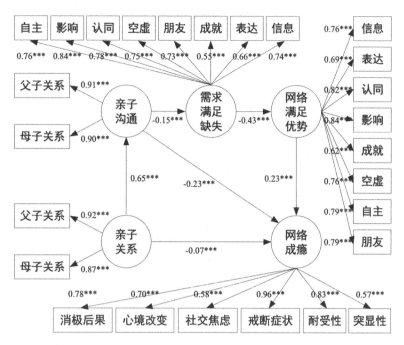

图 8-2　亲子互动、需求满足缺失、网络满足优势与青少年网络成瘾的关系路径图

　　结构方程模型的结果表明，在亲子互动、需求满足缺失、网络满足优势和青少年网络成瘾的关系模型中，存在着中介作用：首先，是亲子沟通对亲子关系和网络成瘾的部分中介作用；其次，网络满足优势则完全中介了需求满足缺失对青少年网络成瘾的影响。其中，亲子沟通的中介效应为 .65×（-.23）=.15（.1495），网络满足优势的中介效应为 .43×.23=.10。模型中的路径系数均达到了 .001 的显著水平，同时表 8-5 中的模型的拟合指数表明模型拟合较好，卡方和自由度比偏大也和样本量较大有关。

表8-5 亲子互动、需求满足缺失、网络满足优势与青少年网络成瘾的关系路径

拟合指标	x^2	df	$x^2/$df	RMSEA	NFI	CFI	GFI
	2717.18	278	9.77	0.044	0.97	0.97	0.95

第四节
不同性别的亲子互动－需求满足的作用模型

首先，分别建立男女生的不同作用路径模型进行分析，结果发现，男女生模型和整体模型不存在差异，因此不再一一呈现。而之前的研究分析结果表明，不同性别的青少年在心理需求的维度上存在显著差异，同时，也为了更好地探讨不同性别的青少年在心理需求缺失和网络满足优势的差异，并以此为心理需求的干预实践提供理论基础，因此，分别探讨心理需求的具体维度在需求满足缺失和网络满足优势上对男女生的不同作用。

首先对男生进行亲子互动、心理需求满足缺失、网络满足优势分维度的分层回归分析，同样将教育程度、学校类型和家庭收入作为控制变量在第一层中进入。采用 ENTER 的方法，建立回归方程。具体结果见表8-6所示。

表8-6 男生的亲子互动、需求满足缺失、网络满足优势的分维度分层回归分析

		β	t	R^2	F	$\triangle R^2$	$\triangle F$
方程 1				.03	21.45***	.05	21.45***
	教育程度	.05	1.93				
	学校类型	-.14	-5.12***				
	家庭收入	-.01	-.52				
方程 2				.10	32.74***	.07	39.95***

		β	t	R²	F	△R²	△F
	教育程度	.04	1.74				
	学校类型	-.11	-4.05***				
	家庭收入	-0.02	-.75				
	母子沟通	-.15	-3.51***				
	父子沟通	-.11	-2.64**				
	母子关系	.02	.37				
	父子关系	-.06	-1.45				
方程3				.14	21.20***	.04	10.06***
	教育程度	.03	1.09				
	学校类型	-.12	-4.60***				
	家庭收入	-.02	-.89				
	母子沟通	-.13	-3.25**				
	父子沟通	-.10	-2.36*				
	母子关系	-.02	-.38				
	父子关系	-.06	-1.36				
	自主缺失	.17	5.45***				
	影响缺失	.10	2.84**				
	认同缺失	.08	2.65*				
	表达缺失	.06	2.24*				
方程4				.20	20.95***	.06	17.80***
	教育程度	.02	.93				
	学校类型	-.11	-4.11***				
	家庭收入	-.03	-1.43				
	母子沟通	-.11	-2.75**				
	父子沟通	-.10	-2.67**				
	母子关系	.01	.10				
	父子关系	-.02	-.35				
	自主缺失	.08	2.38*				
	影响缺失	.08	2.39*				
	认同缺失	.09	2.78*				
	表达缺失	.09	2.89*				
	自主优势	.22	6.44***				
	交往优势	.07	2.02*				
	信息优势	.07	2.09*				

注：只呈现预测作用显著的需求满足缺失和网络满足优势的维度，下同

　　分层回归的结果显示，在对男生的网络成瘾的预测中，亲子沟通较亲子关系来说更为重要，父子沟通和母子沟通的预测系数均达到了显著水平，而亲子关系中只有父子关系达到了边缘显著（P=0.053）；同时，在亲子沟通中，母子沟通相对于父子沟通来说预测作用可能更大。

　　需求满足缺失变量中，自主需求、影响需求、认同需求和表达需求的满足缺失能够预测男生的网络成瘾。这说明对男生来说，自主性、影响力以及他人认同等涉及自主和权力的变量相对来说更为重要。

　　网络满足优势变量中，自主、交往以及信息需求的网络满足优势能够显著正向预测男生的网络成瘾。

　　以同样的方法对女生的亲子互动、需求满足缺失、网络满足优势和网络成瘾进行分层回归分析，女生的回归结果如表 8-7 所示。

表 8-7　女生的亲子互动、需求满足缺失、网络满足优势的分层回归分析

		β	t	R^2	F	$\triangle R^2$	$\triangle F$
方程 1				.02	11.38***	.02	11.38***
	教育程度	.06	1.99*				
	学校类型	-.10	-3.47**				
	家庭收入	.00	-.09				
方程 2				.11	31.48***	.09	45.67***
	教育程度	.06	2.14*				
	学校类型	-.07	-2.30*				
	家庭收入	.01	.39				
	母子沟通	-.11	-3.32*				
	父子沟通	-.17	-3.53***				
	母子关系	-.01	-.21				
	父子关系	-.06	-1.35				
方程 3				.15	20.17***	.04	9.22***
	教育程度	.04	1.58				
	学校类型	-.09	-3.07**				

续表

		β	t	R^2	F	△R^2	△F
	家庭收入	.01	.41				
	母子沟通	-.09	-1.90				
	父子沟通	-.16	-3.37**				
	母子关系	.00	.04				
	父子关系	-.06	-1.34				
	自主缺失	.13	3.96***				
	影响缺失	.08	2.22*				
	表达缺失	.12	3.83***				
方程4				.22	21.16	.07	19.73***
	教育程度	.03	1.30				
	学校类型	-.09	-3.24**				
	家庭收入	.00	.25				
	母子沟通	-.08	-1.78				
	父子沟通	-.13	-3.00**				
	母子关系	-.01	-.25				
	父子关系	-.03	-.78				
	表达缺失	.07	2.21*				
	自主优势	.20	5.35***				
	交往优势	.08	2.12*				
	成就优势	.08	2.75**				
	表达优势	.13	4.08***				

　　结果显示，对女生来说，需求满足缺失和网络满足优势对其网络成瘾的作用维度和男生相比既存在着相同也存在着差异。相同之处在于，男女生共享了表达需求的缺失以及交往需求和自主需求的网络满足优势的预测作用。差异之处在于，首先，对于女生来说，需求缺失上，只有表达需求的缺失预测显著；其次，网络满足优势上，成就和表达需求的网络满足优势较为重要，而男生则是信息的网络满足优势较为重要。这提示着对不同性别的青少年来说，可能存在着不同的需求满足缺失 - 网络满足的致瘾模式，需要区别对待。

第五节　青少年网络成瘾的内外因相互作用机制

本研究发现，亲子互动、需求满足缺失和网络满足优势共同影响青少年的网络成瘾倾向，其中，亲子沟通是亲子互动过程的关键变量，其不仅直接影响着青少年的网络成瘾，同时还部分中介了亲子关系对青少年网络成瘾的影响；而在和父母互动的过程中，青少年的需求未得到满足而形成的需求满足缺失则通过网络满足优势影响青少年的对于需求满足途径的选择，从而更多地倾向于网络满足，进而网络成瘾。

有研究发现，青少年使用网络游戏的动机主要包括现实情感的补偿与发泄、人际交往与团队归属、成就体验以及娱乐（才源源，崔丽娟，李昕，2007；Wu，Wang，Tsai，2010），这也意味着青少年在现实生活中具有相应的情感满足、人际交往、成就体验等心理需求。同时，青少年时期的特殊性使得自主和认同的需求也相对突出。而关于需求的自我决定理论（Deci & Ryan，1985，2000）认为，人类总是努力去满足内在的心理需求，其内在的心理需求决定了其所采取的行为方式和方向。因此，如果青少年在与家庭父母的互动过程中，其相应的自主和认同等需求得不到满足，青少年就会主动去寻找其他的满足途径。在网络迅速普及的今天，网络世界相对于现实世界来说，无疑是一个更具有诱惑力的选择。但是，本研究发现，单纯的需求满足缺失并不会导致青少年的网络成瘾，因此，现实需求的满足缺失很可能是其寻求网络满足的一个直接原因，但不是网络成瘾的直接原因，只有当青少年在网络世界里有所探索有所"收获"之后，通过比较发现网络具有现实不可比拟的优势之后，才会沉迷网络世界不可自拔。

那么，是不是不同性别在网络成瘾过程中都遵循了同样的模式呢？本研究针对不同性别的青少年进行分层回归分析发现，男女生在需求缺失和网络满足优势的不同维度上存在性别差异。主要表现在对女生来说，表达需求的满足缺失是其寻求网络满足的主要原因，而男生则主要是自主需求、影响需求、表达需求和认同需求的满足缺失影响其网络成瘾。表达需求的满足缺失成为青少年的普遍问题，同时对男生来说，获得他人认同，拥有一定的影响力等和权力相关的需求的满足缺失也较女生来说更为重要。同样，即便是不同的需求满足缺失导致青少年寻求网络满足，其网络满足优势也存在着性别的差异。对女生来说，自主需求、人际交往需求、成就需求和表达需求的网络满足优势显著预测了网络成瘾行为，而男生则是只有自主需求、人际交往需求和信息的网络满足优势三个维度的预测作用显著。这就意味着，对于女生来说，在和父母的互动过程中，表达需求的缺失会导致女生去寻求网络上的满足，但是促使女生沉迷网络的却是能够让其感觉在自主、表达、人际交往和成就需求等多方面上的优势；对男生来说，现实中对于自主、影响和认同需求没有得到满足，会促使其寻求网络满足，而网络在自主、人际交往和信息上的满足优势会让男生更多的沉迷网路。这样的一个结果首先是由男女生不同的心理需求所决定的，不同的心理需求自然就会对应其会被不同的网络满足优势所吸引；其次，该结果也提示着对不同性别的青少年来说，存在着不同的现实需求满足缺失 - 网络满足的致瘾模式，需要区别对待。而该结果也验证了 Bartsch 和 Viehoff 提出的不同层次不同种类的心理需求也相应地需要特殊的媒体使用来满足的观点（Bartsch A., Viehoff R., 2010）。

同时，游戏动机的研究显示，人际交往、成就体验和娱乐是游戏使用的主要动机（才源源，崔丽娟，李昕，2007；Wu，Wang，

Tsai，2010），而游戏成瘾的主体是男生，这和本研究发现自主、人际交往和信息的网络满足优势会让男生更多地沉迷网络的结果有所差别。研究者曾经参与过有关大学生网络使用行为改变的访谈研究，不少游戏使用者都提到，无论在网络游戏里达到多高的级别，游戏技能有多么精湛，也无法和现实中的成绩出色或组织领导力出众等被实际认可的成就感相提并论。因此，研究者对于本研究的该结果的解释是，网络游戏的成就体验可能是无法迁移到现实生活中的，青少年使用游戏的动机可能包括了成就感的体验，但是他们也清醒地意识到这样的成就感是不现实的，即在和现实的比较当中，网络在成就体验等方面并不存在优势。

同时，交往和认同需求在男生和女生的回归模型中都显示出显著的预测作用，这也说明和他人联结以及对自身价值的肯定是青少年的普遍需求，而这样的需求的满足缺失和网络满足优势对青少年网络成瘾的预测也说明了网络在心理需求满足过程的替代补偿作用，青少年沉迷网络可能并不是要有很多不一样或者新异的体验，而是其基本需求在现实世界中无法满足的一种补偿（万晶晶，2007）。

第六节　小结

1. 亲子关系、亲子沟通均和需求满足缺失显著负相关。

2. 亲子互动、需求满足缺失和网络满足优势共同影响青少年的网络成瘾倾向，其中，亲子沟通是亲子互动过程的关键变量，其不仅直接影响着青少年的网络成瘾，同时还部分中介了亲子关系对青少年网络成瘾的作用；而在和父母互动的过程中，青少年的需求满足缺失则通过网络满足优势影响青少年的对于需求满足途径的选择，使其更多地倾向于网络满足从而导致网络成瘾。

3. 青少年在亲子互动 - 需求满足的网络成瘾机制中显示出了需求缺失和网络满足优势上的性别差异效应：对男生来说，需求缺失维度上，自主需求、影响需求、表达需求以及认同需求的满足缺失能够负向预测其网络成瘾；网络满足优势上，自主、交往以及信息的网络满足优势能够显著正向预测男生的网络成瘾。而女生和男生相比，需求缺失维度只有表达需求缺失能够预测其成瘾，而网络满足优势上，则有自主、交往、成就和表达需求的网络满足优势能预测女生网络成瘾。

第三篇

基于实验的干预模式探讨

第九章

网络成瘾青少年的家庭团体干预

第一节 研究思路及方法

一、研究思路和假设

基于已有的大样本数据的模型建构，本研究旨在探讨以下四个问题：

1. 基于理论研究开发出青少年网络成瘾的家庭团体干预方案并检验干预方案的即时和长期效果。

2. 探索家庭团体干预模式的有效性因素。

3. 探讨青少年网络成瘾行为的改变机制。

4. 通过实证研究检验之前基于数据提出的亲子互动、心理需求及网络成瘾三者间关系的理论模型。

基于研究目标和已有研究，本研究形成了如下假设：

1. 症状改善上：青少年网络成瘾行为在干预前后有显著差异，干预后显著低于干预前；实验组和对照组之间网络使用行为的改变存在显著差异，实验组高于对照组。

2. 干预有效因素上：实验组干预后亲子关系和亲子沟通得分显著高于干预前，心理需求的缺失得分显著低于干预前；和对照组相比，实验组的亲子互动改变和需求满足缺失改变亦显著高于对照组。

3. 通过改善青少年的亲子关系、亲子沟通和心理需求满足缺失等因素，可以改善其网络成瘾行为。

二、研究方法

（一）研究对象

预实验被试：北京市某戒瘾机构的网络成瘾的青少年及其家庭，共 6 个家庭。实验被试的入组标准为：（1）青少年的网络成瘾症状符合 Young 提出的 5 个及以上的筛查原则，以及达到该成瘾机构的临床诊断标准；（2）家庭成员中父母至少一方可以坚持参加。排除标准为：有明显的智力发展问题；存在其他的精神类疾病及相关成瘾行为（如吸烟、酗酒以及毒品滥用等）；曾经参加过类似的团体治疗或者家庭干预的个体。

正式干预被试的实验组被试来自于内蒙古包头市采取自愿报名的方式招募征集的网络成瘾青少年家庭 17 个家庭以及北京市的 4 个家庭，分成 3 个干预小组。入组标准为符合 APIUS 的成瘾诊断以及通过面谈筛查，排除标准同预实验被试。其参加被试的青少年平均年龄为 15.00（±1.73）岁，男女比例为 17 : 4。参与实验的父亲与母亲人数比为 5 : 16，平均年龄为 40.86（±2.85）岁。父母的教育程度分布为小学及以下 1 个，占 4.8%；初中 5 个，占 23.8%，高中（中专）为 6 个，占 28.6%，大学及以上的 9 个，占 42.9%；家庭收入分布为 <5000 元的 11 个，占 55.0%，收入在

5000 ～ 10000 元之间的 8 个，占 45.0%，10000 元以上的 1 个，占 5.0%。所有参与的父母的婚姻状况均为初婚。

对照组的被试是同样参加了报名宣讲并通过了 APIUS 筛查的 25 个家庭，但是由于时间冲突等原因而无法参加团体小组，事先征得家长和孩子同意参加对照组。青少年的平均年龄为 15.68（±1.15）岁，男女比例为 21 : 4。对照组的所有被试纳入等待名单，待其时间合适时再参加干预。

所有被试在开始前均获得知情同意，知情同意书分别来自父母和孩子双方。所有被试均为自愿参加，在干预过程中如果有任何不适或者其他情况，均可自愿退出。

（二）研究工具

1. 网络成瘾的筛查：采用雷雳等人编制的青少年病理性互联网使用量表，包括 6 个维度，38 个项目，其中突显性（3 个项目），耐受性（5 个项目），强迫性上网 / 戒断症状（11 个项目），心境改变（5 个项目），社交抚慰（6 个项目），消极后果（8 个项目），采用 5 点计分，1 为"完全不符合"，5 为"完全符合"。本研究中使用总量表及各维度均分进行统计分析，得分越高说明成瘾程度越严重。使用该量表可以将青少年网络使用行为区分为三个不同的严重程度，均分低于 3 分为正常，3 ～ 3.15 分为网络成瘾倾向，高于 3.15 分为成瘾。总量表的内部一致性 Cronbach α 系数为 0.948，各因素的 α 系数在 0.81 ～ 0.91 之间，总量表的重测信度为 0.857（雷雳，杨洋，2007），该量表在本研究中的 Cronbach α 系数为 0.961。

2. 亲子关系量表：采用 Buchnan 等人（1991）编制的亲子亲密度量表，分别对父子和母子间的关系进行评述，共 9 个项目，采用 5 点评分，从"1，完全不符合"到"5，非常符合"（Buchnan，

Maccoby，& Dornbush，1991）。本研究使用平均分来反映亲子关系，得分越高，表示个体与父（母）的关系越紧密。该量表在本研究中的 Cronbach α 系数为 0.911（父亲分量表）和 0.910（母亲分量表）。

3. 亲子沟通量表：采用 Barnes & Olson（1985）编制的亲子沟通量表，分为两个维度——开放式沟通和有问题的沟通，每个维度有 10 个项目，共有 20 个项目。采用 5 点计分，1"非常不同意"到 5"非常同意"。在已有的研究中显示该问卷信效度良好（Collins，Newman，& McKenry，1995）。本研究使用均分进行统计分析，该量表在本研究中的 Cronbach α 系数为 0.822（父亲分量表）和 0.819（母亲分量表）。

4. 青少年心理需求满足问卷：根据大学生心理需求及满足量表（万晶晶，张锦涛，刘勤学等，2010）及青少年心理需求特点修订而成，由需求程度分量表、现实满足分量表和网络满足分量表组成，每个分问卷都有 35 项目，包括 8 个维度，分别是：自主需求、娱乐需求、交往需求、成就需求、影响需求、认同需求、表达需求和信息需求。项目为 1—5 的 5 点记分，"1"代表"非常不强烈"，"5"代表"非常强烈"；现实满足和网络满足量表中"1"代表"非常低"，"5"代表"非常高"。统计分析中使用问卷的平均分进行计算，各维度的 Cronbach α 系数在 0.68 ～ 0.88 之间，总量表的 Cronbach α 为 0.97；各维度的分半信度在 0.64 ～ 0.88 之间，总量表的分半信度为 0.97。

5. 父母评定的青少年心理需求满足情况：采用直接评定的方式，分为两道题，一道为评价青少年的心理需求满足方式，1- 更多是由现实满足，2- 现实网络一半一半，3- 更多是由网络满足；另外一道为评定青少年的心理需求满足程度，5 点评分，1 为基本不能满足，5 为基本都能满足。

6. 父母评定的亲子关系和亲子沟通量表，均在青少年报告的量表上改编而成，将评定对象改为子女，具体维度内容不进行修改。

7. 父母干预前基线测查：包括基本人口学变量；父母对青少年网络使用行为的评定，包括使用时间的多少（1- 很少到 5- 很多）和使用严重程度（1- 可以自己控制，2- 较为严重，需要家长控制，3-严重，很难控制）；父母对青少年网络使用行为的整体评定，包括对青少年网络使用的合理度评定、满意度评定，均采用 5 点评分，1 为很不合理 / 很不满意，5 为很合理 / 很满意。

8. 团体干预过程评估表：根据团体成员评价量表改编，加入了和本研究相关的因素，一共包括两个分量表，一般性团体过程评估量表（包括参与度、接纳度、归属度和收获度）和针对性团体评估量表（网络认知、亲子沟通、亲子关系、需求理解和努力程度），1到4点评分，1为完全不赞同，4为完全赞同。共40个项目（见附录五）。

9. 团体过程有效性访谈提纲：根据团体方案和考察目标而编制，为半结构化访谈，主要内容包括每次团体中的收获、所看到的对方的改变、所感受到的自己的变化、团体中的无效部分以及团体中的任何觉得不舒服的部分（见附录六）。

（三）干预方案

家庭团体干预方案主要根据前面大样本数据调查的研究结果和理论模型，同时参考已有的家庭团体干预研究的设置，发展出《青少年网络成瘾的家庭团体干预方案手册》，其干预内容主要包括亲子沟通、亲子关系以及心理需求的替代满足，具体包括以下 7 个主题：热身活动及关系建立、亲子沟通技能训练（沟通过程取向）、有关网络成瘾的亲子沟通（沟通内容定向）、亲子契约的制定（亲子关系结果取向）、改变不合理的家庭规则（亲子关系障碍排除）、考虑可替代性选择（心理需求的满足）以及美好未来展望等。家庭团体方案一共包括 6 次干预，每次时间为 2 小时。第一次活动的主要目的是促进团体成员间的相互熟悉、初步建立团体；帮助父母和孩子澄清和认识对于网络使用的看法，通过家庭内部互动和家庭之间的互动，帮助父母和孩子进行沟通，并在此问题上尽量达成一致。主要的干预活动是采用家庭治疗中的再定义技术，由双歧图引入主题，针对网络使用、父母和孩子对网络的态度、网络对人的影响等方面进行讨论，并尝试进行再定义。

第二次活动的主要目的是帮助参与者学习并掌握有效的沟通方式，学会如何有效地进行亲子间沟通，改善并促进亲子关系。主要的干预活动是采用 Satir 家庭治疗模式中的沟通技术，呈现四种不一致的沟通的模式，帮助参与者认识和发现自己存在的有问题的沟通模式，并学会如何进行一致性沟通。

第三次活动主要关注亲子之间关于网络成瘾问题的冲突解决方式。通过角色扮演和典型情境讨论等方法，引入亲子冲突解决策略的主题，针对青少年网络成瘾问题带来的亲子冲突，尝试运用学会的亲子沟通策略，采用家庭亲子契约的方式来进行冲突解决，并尽量达成一致；该过程中也涉及到了不同家庭间冲突情境和解决策略分享，以及家庭间的互相支持和互动。

第四次活动聚焦于亲子关系中的界限和相关的不合理规则。帮助参与者认识到关系中的界限，以及家庭中存在的不合理规则及其带来的影响。帮助其把不合理改变成生活指引，并学会转变的方法。

第五次活动聚焦于青少年心理需求的缺失和满足，尤其是和网络使用相关的心理需求。帮助父母和孩子发现和认识其心理需求在网络使用中的满足程度，并探讨和尝试网络之外的需求满足方式。

第六次活动主要聚焦于整合性的家庭关系和功能，通过对之前的技能和活动的回顾，巩固治疗成果，并增强成员对行为改变的希望和形成对未来的新的期待。同时也总结总个团体的收获和反馈，在家庭间和家庭内部表达感谢和支持。鼓励家庭成员在之后的时期都不断地进行正面反馈和支持，并运用团体中的收获持续地改变自己的行为。

（四）研究程序

1. 编制家庭团体干预方案

邀请4个家庭治疗和咨询方向的专家和博士生加入方案编制小组，在之前的研究基础上，以家庭系统治疗理论和团体辅导理论为指导编制家庭团体方案，同时定期和青少年网络成瘾领域和家庭治疗领域的权威专家进行小组讨论，最后确定方案的具体干预元素及每次活动的主题，在多次修改后形成可操作的《青少年网络成瘾的家庭团体干预方案手册》。

2. 团体预实验

对所编制的干预方案进行预实验，被试为北京某戒瘾机构的6个家庭，青少年的性别组成为2个女生4个男生，父母一方参与，每次干预结束后进行访谈并录音。主试为研究者本人，助手为受过团体辅导培训及具有相关经验的2位心理学硕士，主要负责相关活动的材料准备，对于团体中家庭异常情况的关注，以及每次干预结束后的反馈性访谈。预实验主要考察干预方案的可行性、干预方案实施中可能遇到的问题及每次团体过程中分主题的衔接是否顺畅等。干预每周1次，晚上进行，每次2小时。干预结束后由实验助手随机选取团体成员进行访谈，主要进行过程和内容的适应性和有效性反馈，同时也邀请其分享自己对干预的建议和想法。

3. 修改方案

根据预实验结果及访谈反馈对方案进行修改和整合，同时邀请专家进行督导并听取意见反馈,最后形成正式的《青少年网络成瘾的家庭团体干预手册》。

4. 正式干预

正式干预根据参与被试的实际情况选择在暑假进行,每 3 天 1 次,每次 2 小时。每个小组配备两个主试,一个为家庭治疗方向的博士生,担任组长;另一个为家庭治疗方向的硕士生,担任副组长。每个团体均配有研究助手,以协助应对干预过程中可能的突发情况及相关的录音录像等工作,研究助手不作为团体一员正式参与。所有参与人员均在正式实施干预前进行团体辅导的培训以及针对干预内容的集中培训,每次干预前一天所有主试和助手进行下一次团体会议的具体干预过程和干预技术的讨论、注意事项以及可能的问题和应对并记录,每次干预结束后主试和助手填写团体辅导记录表并进行同辈督导。同辈督导主要关注主试在干预过程中的自我觉察,对于团体过程的动力机制的观察和反思,同时对于下次干预的准备。所有干预前的准备培训和干预后的同辈督导的目标之一是试图降低不同主试对于团体过程的影响差异。

参与被试均在自愿报名情况下参加,获得本研究相关的知情同意并签订知情同意书。实验前后对所有被试进行前后测。整个家庭团体干预结束之后,团体的干预主试回避退场后,由另外组的研究助手对成员进行焦点小组访谈以尽量确保团体成员对于团体反馈的真实性,主要内容为效果反馈、可能的改进建议,整个访谈进行录音并保密。

5. 追踪测试

在 3 个月后分别对实验组和对照组进行 follow-up 团体,并完成追踪测试。

6. 数据整理

对前后测问卷、追踪问卷进行编号,对干预访谈录音进行文字稿的转写和整理，并对数据进行录入和管理。

（五）数据处理

使用 SPSS 16.0 对数据进行录入和管理，使用 Atlas 6.0 对访谈录音进行整理分析，使用 SPSS 16.0 对数据进行分析：

1. 对干预组和对照组进行网络使用时间和成瘾程度的基线匹配分析；

2. 对实验组干预前、干预后以及追踪的网络使用行为进行重复测量方差分析、对实验组和对照组之间进行差异检验，以考察干预效果；

3. 对实验组干预前、干预后和追踪测查的网络使用行为及亲子互动、心理需求满足及网络满足优势等相关变量进行配对 T 检验、重复测量方差分析以探讨干预变量的改变程度；

4. 针对干预变量建立新的改变变量，进行分层回归分析，以考察干预的有效性因素并检验理论模型；

5. 使用 Atlas 6.0 对访谈录音进行编码及分析，以考察干预过程的有效性。

第二节　干预效果分析

一、实验组和对照组的基线水平匹配分析

将实验组和对照组进行干预前的网络成瘾基线情况进行比较。其中实验组为 21 组家庭，对照组有 25 组家庭，青少年的男女人数比分别为 17 : 4 和 22 : 3。具体见表 9-1。

表 9-1 实验组和对照组基线水平差异比较

	实验组（n=21） M(SD)	对照组（n=25） M(SD)	F
每周上网小时数	26.38(12.17)	27.08(10.42)	.04
APIUS 得分	3.38(.27)	3.42(.23)	.29
突显性	3.51(.60)	3.74(.53)	2.02
耐受性	3.29(.55)	3.08(.41)	2.03
戒断症状	3.21(.42)	3.61(.47)	9.61
心境改变	3.79(.62)	3.52(.38)	3.22
社交抚慰	3.21(.47)	3.28(.36)	.32
消极后果	3.52(.24)	3.29(.52)	3.54

结果表明，实验组和对照组无论是在上网时间还是网络成瘾情况等方面的比较，均不存在显著差异，说明干预前的两组被试在网络使用时间和网络成瘾情况上的基线水平基本相同或相似。

二、实验组和对照组的前后测差异比较

首先，对实验组和对照组在干预前后的上网时间进行比较，干预前为 T1，干预后为 T2，分别进行重复测量方差分析和配对 T 检验，具体结果见表 9-2。

表 9-2 实验组和对照组干预前后上网时间比较

		T1 M(SD)	T2 M(SD)	F
上网时间	实验组	26.38(12.17)	11.42(11.56)	5.292***
	对照组	27.08(10.42)	27.52(11.40)	-0.25
	F	.04	22.45***	

重复测量方差分析发现，实验组的上网时间前后测差异显著，后测显著小于前测，而对照组则不存在显著差异。同时，对干预前和干预后实验组和对照组的方差分析发现，在干预前实验组和对照

组的上网时间差异不显著，但是干预后的两组的上网时间差异显著，实验组的上网时间显著小于对照组。

然后，对实验组和对照组在网络成瘾各维度上的前后测差异进行分析，分别对实验组和对照组进行重复测量方差分析，结果显示：

实验组在各维度及总分上均差异显著，后测显著低于前测；对照组在突显性、戒断症状和消极后果上无差异，在耐受性、心境改变和社交抚慰三个维度上，后测反而显著高于前测。可能的解释是，测查时间为暑假期间，因此在前后 1 个月的时间里，网络成瘾的突显、戒断以及消极后果等方面均无差异，但由于暑假里时间安排的自由性较高，而学业压力和父母控制均有所下降，则可能会造成网络使用的时间的增加，从而使得对照组青少年在其他三个维度上得分反而增加。

同时方差分析结果显示，前测 T1 中，实验组和对照组均无显著差异；后测 T2 中，实验组在各维度和总分上均显著低于对照组。

表 9-3　实验组和对照组在网络成瘾各维度上的前后测差异比较

		实验组（n=21）M(SD)	对照组（n=25）M(SD)	F
突显性	T1	3.51(.60)	3.74(.53)	2.02
	T2	2.76(.80)	3.75(.46)	26.93***
	F	12.39**	.98	
耐受性	T1	3.29(.55)	3.08(.41)	2.03
	T2	2.27(.77)	3.55(.42)	51.43***
	F	30.30***	28.07***	
戒断症状	T1	3.21(.42)	3.61(.47)	9.61
	T2	2.38(.82)	3.63(.44)	45.20***
	F	16.85**	0.26	
心境改变	T1	3.79(.62)	3.52(.38)	3.22
	T2	2.88(.92)	3.72(.44)	18.15***
	F	14.22**	4.36*	

社交抚慰	T1	3.21(.47)	3.28(.36)	.32
	T2	2.57(.59)	3.50(0.43)	30.04***
	F	14.06**	4.45*	
消极后果	T1	3.52(.24)	3.29(.52)	3.54
	T2	2.24(.72)	3.39(.50)	40.53***
	F	65.17***	0.89	
平均分	T1	3.38(.27)	3.42(.23)	.29
	T2	2.46(.58)	3.59(0.34)	66.21***
	F	48.00***	17.21***	

此外，从个体层面上来看，参与被试的戒瘾率也是考察干预效果的一个方面，因此，除了对实验组和对照组从整体成瘾程度的差异比较之外，分别对实验组和对照组在干预前后的戒瘾率进行分析。结果发现，干预前实验组和对照组的成瘾率均为100%，而在干预后的网络成瘾测查中，实验组不成瘾被试为20个（95.2%），只有1个被试仍成瘾（4.8%），追踪调查发现，有2个被试回复到了成瘾程度，有效率为88.9%，在考虑了3个被试脱落的情况下，有效率仍达76.2%，而复发率为9.5%。干预后测的对照组成瘾被试为24个，只有1个被试自然脱瘾，追踪测查发现有3个被试自然脱瘾，其自愈率为13%，在考虑了脱落被试的情况下，其自愈率为12%。

表 9-4   实验组和对照组成瘾率干预前后比较

		T1		T2		T3	
		N	%	N	%	N	%
实验组	不成瘾	0		20	95.2	16	88.9
	倾向	4	19.0	0	0	0	
	成瘾	17	81.0	1	4.8	2	11.1
对照组	不成瘾	0	0	1	4.0	3	13.0
	倾向	2	8.0	1	4.0	1	4.0
	成瘾	23	92.0	23	92.0	19	82.6

注：追踪数据中有 3 人缺失

实验组的参与成员也包括青少年父母的其中一方，因此也收集到了父母的数据，父母报告的孩子网络使用行为主要分为两个方面，一方面是对孩子网络使用行为的评价，包括对于孩子和其同学相比的网络使用时间评价和网络使用严重程度评价，另一方面是父母对于孩子的网络使用行为的总体感受，包括网络使用的合理度和网络使用满意度评价。配对 T 检验的前后测差异比较见表 9-5。

表 9-5　父母报告的青少年网络使用行为前后测差异比较

	T1	T2	
	M(SD)	M(SD)	t
网络使用时间比较	3.62(.86)	2.90(1.22)	4.56***
网络使用严重程度	2.10(.64)	1.70(.66)	2.99**
网络使用合理度	2.24(1.04)	2.86(1.19)	-1.86
网络使用行为满意度	2.33(1.32)	3.05(1.32)	-1.98

结果显示，父母报告的青少年网络时间和使用严重程度上均有显著程度的降低，而在网络使用合理度和对青少年的网络使用行为满意度上均有所增加，虽然没有达到统计学的显著标准，但也达到了边缘显著的状态（p=.06，p=.07）。

三、干预效果持续性分析

为考察家庭团体干预的效果能否在 3 个月的追踪期内持续下去，分别对实验组和对照组进行重复测量方差分析，因为追踪数据中，实验组有 3 个被试脱落，对照组有 2 个被试脱落。因此，在以下进行的追踪数据的分析中，实验组的有效被试为 18 个，对照组的有效被试为 23 个，具体分析结果见表 9-6。

表 9-6 实验组和对照组的网络成瘾程度和网络使用时间的重复测量方差分析

		T1 M(SD)	T2 M(SD)	T3 M(SD)	F1	F2
APIUS 均分	实验组	3.40(.27)	2.42(.61)	2.06(.73)	34.74***	55.21***
	对照组	3.38(.20)	3.54(.31)	3.27(.26)	7.62**	2.50
上网时间	实验组	24.89(9.60)	9.28(5.75)	7.08(3.98)	40.16***	56.65***
	对照组	27.95(11.10)	27.14(11.95)	22.29(6.04)	2.21	3.03

注：F1 为对三次不同测查的方差检验 F 值，F2 为三次测查值之间的线性趋势检验 F 值，下同

结果发现，实验组的网络成瘾程度三次测量间的差异显著，并且其成瘾程度的线性下降趋势显著（F（1，18）=55.21，P<0.001），而二次下降趋势不显著（F（1，18）=3.61，P=0.08）。对实验组网络使用时间的分析结果表明，三次测查间差异显著，且线性下降趋势显著（F（1，23）=40.16，P<0.001），且其二次下降趋势也显著（F（1，23）=56.65，P<0.001）。

对于对照组来说，进一步采用配对 T 检验进行分析，结果表明，第二次测查的成瘾程度显著高于第一次测查（F（1，25）=17.21，P<0.001），因此其整体的三次测查间差异显著，但是并不存在线性下降或者上升的趋势（F（1，23）=2.52，P=0.13）。

同样对参与实验组的父母报告的青少年网络成瘾情况进行分析，结果也发现，青少年在干预后的 3 个月时间内，网络使用时间和网络使用严重程度均有明显的下降，且线性趋势检验显著；同时网络使用合理度和网络使用满意度均有显著上升，且线性趋势检验显著，说明实验组的青少年的网络戒瘾情况保持良好，具体结果见表 9-7。

表 9-7 父母报告的青少年网络使用行为的追踪数据分析

	T1 M(SD)	T2 M(SD)	T3 M(SD)	F1	F2
网络使用时间比较	3.50(.79)	2.78(1.17)	2.78(1.26)	4.13*	6.23*

续表

	T1	T2	T3		
	M(SD)	M(SD)	M(SD)	F1	F2
网络使用严重程度	2.06(.66)	1.71(.69)	1.42(.72)	7.35**	14.45**
网络使用合理度	2.39(1.03)	2.83(1.10)	3.56(1.04)	6.59**	12.07**
网络使用满意度	2.11(1.18)	3.00(1.33)	3.56(1.15)	6.93**	18.53***

第三节　干预的起效机制分析

一、干预变量的有效性因素

干预效果分析表明，家庭团体的干预效果显著，那么究竟是哪些因素在起作用呢？本干预研究的干预方案是基于前面的理论研究发展而来，其包括了理论模型中的亲子沟通、亲子互动、心理需求满足等变量，那么这些干预变量在干预前后和追踪期内有没有发生相应的变化呢？以下分别进行对这些干预变量的前后测以及追踪测查进行差异比较分析。

首先对实验组青少年的亲子关系、亲子沟通和需求满足、需求满足缺失等变量进行前后测和追踪测查的重复测量方差分析。

表 9-8　青少年报告的亲子互动、需求满足的三次测查差异分析

	T1	T2	T3		
	M(SD)	M(SD)	M(SD)	F1	F2
亲子关系	3.10(.50)	3.51(.65)	3.55(.68)	5.08*	7.96*
父子关系	3.22(.65)	3.28(.92)	3.31(.48)	.10	.20
母子关系	2.98(.43)	3.73(.81)	3.80(.64)	15.26***	30.03***
亲子沟通	2.89(.59)	3.43(.38)	3.38(.58)	8.23**	4.18
父子沟通	2.86(.58)	3.13(.51)	3.18(.66)	2.32	5.07*
母子沟通	2.93(.73)	3.74(.49)	3.88(.60)	14.08***	31.06***
需求现实满足	2.87(.42)	3.48(.38)	3.56(.40)	26.59***	41.29***

	T1	T2	T3		
	M(SD)	M(SD)	M(SD)	F1	F2
需求网络满足	3.46(.64)	3.24(.65)	2.75(.55)	7.07**	11.67**
需求满足缺失	.67(.58)	.19(.56)	-.01 (.45)	11.56***	19.85***
网络满足优势	.59(.57)	-.24(.59)	-.81(.58)	23.68***	39.15***

如表 9-8 所示，实验组的亲子关系、母子关系、亲子沟通、母子沟通、需求现实满足均有显著的上升，且线性趋势检验显著；同时需求网络满足、需求满足缺失和网络满足优势均有显著的下降，且线性下降趋势检验显著。进一步采用配对 T 检验，结果表明，母子关系上，T2 显著高于 T1（t（1，20）=5.07，P<0.001），但是 T3 和 T2 间差异不显著（t（1，17）=1.41，P=0.18）；现实满足 T2 显著高于 T1（t（1，20）= -6.43，P<0.001），但是 T3 和 T2 没有显著差异（t（1，17）= -.74，P=0.47）；需求满足缺失 T2 显著小于 T1（t（1，20）=3.70，P<0.01），但是 T3 和 T2 没有显著差异（t（1，17）= 1.41，P=0.18）；网络满足优势上 T2 显著小于 T1（t（1，20）= 5.25，P<0.001），且 T3 和 T2 间也存在差异（t（1，17）= 2.73，P<0.05）。从该结果中可以看到，在所有的干预变量中，只有网络满足优势在追踪期中仍然有显著的降低。

同时考察父母报告的亲子关系、亲子沟通以及心理需求满足前后测及追踪测查的差异比较，结果见表 9-9。

表 9-9 父母报告的亲子互动及需求满足等变量的三次测查差异比较

	T1	T2	T3		
	M(SD)	M(SD)	M(SD)	F1	F2
亲子关系	3.65(.68)	3.93(.59)	3.95(.60)	5.21*	6.24*
亲子沟通	3.18(.55)	3.29(.59)	3.62 (.55)	8.93**	14.31**
心理需求满足	3.06(1.35)	3.94(1.26)	3.28(1.32)	4.32*	.56

差异检验的结果发现，父母报告的亲子关系和亲子沟通上均有

显著改善，而青少年的心理需求满足程度亦有显著水平的增加。同时，亲子关系和亲子沟通的还存在显著的线性上升的趋势。

二、网络成瘾行为的改变机制分析

以上结果表明，在干预前后，青少年的网络成瘾行为有显著的改善，同时亲子互动和需求满足缺失的状况亦改善显著。然而，是否就是亲子互动、需求满足缺失和现实满足的改变带来网络成瘾行为的改变呢？以上的分析结果还无法回答这一问题。因此，根据青少年报告的成瘾行为、亲子互动变量、心理需求满足缺失变量的前后测数值的差异，建立新的改变变量，即干预改变变量＝干预后测值－基线值。首先，探讨这些改变变量之间，即亲子互动改变、心理需求满足改变、满足缺失改变、网络满足优势改变和青少年网络成瘾行为的改变之间是否存在相关。根据之前的分析结果，父子关系和父子沟通在前后测及追踪测查中均差异不显著，因此只考虑母子互动因素。相关分析结果见表 9-10。

表 9-10　网络成瘾改变和相关干预变量改变的相关矩阵

	1	2	3	4	5	6
1．网瘾程度改变	1					
2．母子关系改变	-.56**	1				
3．母子沟通改变	-.81**	.67**	1			
4．现实满足改变	-.45*	.43*	.43*	1		
5．需求满足缺失改变	.48*	-.50*	-.51*	-.49*	1	
6．网络满足优势改变	.78**	-.62**	-.81**	-.63**	.57**	1

如表 9-10 所示的相关结果，母子关系改变、母子沟通改变、现实满足改变和网络成瘾程度的改变显著负相关，而心理需求满足缺失改变和网络优势改变则和青少年的网络成瘾程度的改变正相关。因此，根据前两个研究中关于以上变量的关系模型结果，以

网络成瘾程度改变作为因变量，以 ENTER 的方法首先进入母子关系，然后进入母子沟通，最后进入需求变量，进行分层回归分析。具体结果见表9-11。

表9-11　干预变量的改变对青少年网络成瘾程度改变的分层回归分析

		β	t	R^2	F	△R^2	△F
方程1							
	母子关系改变	-.56	-2.92**	.31	8.54**	.31	8.54**
方程2							
	母子关系改变	-.03	-.13	.65	16.99***	.34	17.86**
	母子沟通改变	-.79	-4.23**				
方程3	母子关系改变	.03	.17	.70	7.07**	.05	.82
	母子沟通改变	-.51	-1.97*				
	现实满足改变	.02	.11				
	需求满足缺失改变	.02	.13				
	网络满足优势改变	.39	1.33				

　　分层回归的结果显示，母子关系改变和母子沟通改变分别在方程1和方程2中的预测系数显著，且分别增加了31%和34%的解释率，但是在方程3中的需求变量的预测系数并不显著。这只能说明在干预过程中母子沟通的改善对于青少年网络行为的改变起了绝大部分的作用。但是，是不是所有的需求变量都不起作用呢？这只能在我们完成了追踪数据的改变变量的分析之后再下结论。

　　进一步对追踪数据进行分析，同样建立新的追踪的改变变量，即追踪改变变量＝追踪测查值－基线值，并进行分层回归分析，具体分析结果见表9-12。

表9-12 干预变量的追踪改变对青少年网络成瘾的追踪改变的分层回归分析

		β	t	R^2	F	△R^2	△F
方程1	母子关系改变	-.60	-2.60*	.36	6.75*	.36	6.75*
方程2	母子关系改变	-.03	-.10	.55	6.78*	.19	4.72*
方程2	母子沟通改变	-.72	-2.17*				

		β	t	R^2	F	$\triangle R^2$	$\triangle F$
方程3	母子关系改变	.00	.01	.83	7.57**	.27	4.18*
	母子沟通改变	-.54	-1.98*				
	现实满足改变	.30	.65				
	需求满足缺失改变	.35	1.02				
	网络满足优势改变	.86	3.26*				

　　追踪数据的分层回归分析结果发现，母子关系和母子沟通分别在方程1和方程2中的预测系数显著，而在方程3中，亲子沟通改变和网络满足优势改变的预测系数显著。这说明在追踪期内，亲子沟通和网络满足优势的改变能够预测追踪期内青少年网络成瘾行为的改变。该结果也和前述的网络满足优势在追踪期内仍有显著降低的结果相一致。整个回归方程的解释率为83%。

三、实验组干预效果访谈分析

　　实验组干预结束之后由研究助手进行了焦点小组访谈，对访谈录音进行分析后发现，团体成员提及收获的部分包括学习到了更多的关于亲子沟通的方法和技巧（15人/次），更多地了解到了孩子在想什么（12人/次），亲子关系得到了改善（12人/次），孩子的网络使用行为有所改变（11人/次），孩子更能信守承诺/遵守时间约定（8人/次），和孩子/父母间的冲突减少（8人/次），知道如何去表达爱（5人/次）。这一结果也显示从整体上看，家庭团体治疗具有良好的效果。

四、团体干预过程有效性分析

　　团体过程有效性评估量表一共包括两个分量表，一般性团体过程评估量表（包括参与度、接纳度、归属度和收获度）和针对性团体评估量表（网络认知、亲子沟通、亲子关系、需求理解和努力程度），1到4点评分，其各维度均分见表9-13。

表9-13 团体过程评估量表各维度描述统计表

		M	SD
一般性评估	参与度	3.70	0.36
	接纳度	3.80	0.34
	归属度	3.83	0.30
	收获度	3.56	0.40
	总分	3.73	0.27
针对性评估	网络认知	3.43	0.54
	亲子沟通	3.72	0.25
	亲子关系	3.66	0.31
	需求理解	3.52	0.54
	努力程度	3.80	0.34
	总分	3.66	0.28

由表9-13可知，在1到4点评分的量表中，所有维度的得分均在3.5分以上，同时一般性的团体过程评估和针对性过程评估总分均为3.7分左右，说明团体成员对于团体过程的内容和过程均持非常肯定的态度，干预因素也得到了有效的实施。整个团体设置和干预过程有效。

第四节
家庭团体干预对于青少年网络成瘾的有效性

一、家庭团体干预对青少年网络成瘾的显著效果

本研究发现，通过6次的家庭团体干预，将青少年和父母（一方）都纳入到干预系统中来，对于青少年网络成瘾行为的改善具有显著的效果。对青少年网络使用行为的干预前后测对比分析发现，

其成瘾程度显著降低，同时整体脱瘾率达到了 95.2%。3 个月的追踪测试发现只有 2 个被试回复到了成瘾程度，整体的干预有效率为 88.9%。这在一定程度上说明家庭团体干预能有效改善青少年的网络成瘾，同时在一定时间之内能够保持效果的持续性。

之前关于家庭团体干预的研究也发现，家庭团体干预对于抑郁（Fristad et al., 2003a）、精神分裂症（Dyck et al., 2002）、强迫症（Dixon et al., 2001）等均具有较好的效果，并且相对来说家庭团体也可以有效地保持被试持续地参与治疗。有研究者报告了一个家庭团体治疗的 59% 的持续参与率，其远高于个体的 39% 的持续参与率（Stone et al., 1996）。本研究是首次将这样的干预模式应用到网络成瘾的一个尝试，在研究设置和家庭团体干预模式上也参考了前人类似的设置，研究结果也支持了家庭团体模式是干预青少年网络成瘾的有效方法。

二、青少年网络成瘾的家庭团体干预模式的有效性因素

本研究发现，实验组青少年的网络成瘾行为在干预后有显著的线性下降趋势，同时，其干预变量中的母子关系、母子沟通和现实满足均有显著增加的趋势，而现实满足缺失和网络满足优势则显著降低。这说明青少年的网络成瘾行为的改变和母子互动以及需求满足的改变相关。这在一定程度上支持了之前的研究假设。但是在干预后测的亲子互动变量中，只有母子关系和母子沟通在干预前后有显著改善，而父子关系和父子沟通则改善不显著。为了进一步考察干预结果是否有参与者父母角色不同的影响，将参与者是父亲的青少年分为一组，而参与者是母亲的分为一组，进行改变变量和前后测变量上的差异比较，结果发现差异均不显著，该分析也可能和两个组间的被试数量有关。因此，干预的结果一方面可能和

此次参加干预的父母间的性别比有关，在实验组的 21 位父母中，有 16 位是母亲而只有 5 位是父亲，因此母子间的互动相对于父子间互动来说得到更为显著的改善；但是另一方面，也有研究发现，母亲较于父亲来说，更易于和孩子发展出一个良好的关系（Shek，2000），同时母亲和孩子之间的联结也有助于孩子的问题行为的改善（Wallnius，Rimpela，& Punamaki et al.，2009）。因此，这就使得我们需要对本研究结果中的母子关系和母子沟通对于青少年网络成瘾的影响的结论持更加谨慎的态度，即一方面既要考虑干预研究中父母的参与情况，同时也要意识到父亲和母亲在家庭角色以及和孩子互动上的差异。未来的研究中需要考虑到这样的一个性别比例的影响，从来对父母的参与进行匹配以求得到更为精确的结果。

同时，青少年的需求现实满足在干预后有了显著的提高，并且在 3 个月的追踪测查中发现有持续的增加的趋势，与此同时需求满足缺失和网络满足优势有显著下降，这说明针对现实满足的干预是有效的。对改变变量的回归分析发现，以干预后测值减去干预前侧值的改变变量的回归分析方程中只有母子关系和母子沟通对青少年的网络成瘾行为的改变有预测作用，而心理需求满足缺失和网络满足优势预测作用不显著，但是对追踪数据的改变变量的回归分析中，母子沟通和网络满足优势的预测作用显著。这说明在干预过程中，母子沟通和母子关系的改善可以有效地减少青少年的网络成瘾行为，但是这样一个亲子互动给青少年需求满足和网络满足优势带来的影响需要一段时间的沉淀和积累才能表现出来，这也就意味着父母和青少年之间的有效而良好的互动需要持续地发展下去才能让青少年心理需求满足的途径更多地从网络转移到现实，即网络满足优势不复存在。T3 网络满足优势和 T2 相比有显著的降低也佐证了一解释。这一干预效果的延迟效应也和之前采用多家庭团体干预的研究结果类似，在针对青少年的情绪障碍进行的家庭团体干预中，父母报告孩子症状的改善在 3 个月的追踪报告中显著高于干预后测（Goldberg-Arnold et al.，1999）。这也提示无论是症状改善还是态度改变可能都需要一个较长的时期，这就使得家庭团体干预在效果的持续改变上具有一定的优势（McDonell & Dyck，2004）。

除了有效的干预内容之外，团体过程中的关系和设置也对干预的有效性起到了一定的效果。团体过程量表和焦点小组访谈的结果显示，在团体过程中感受的被支持、被接纳以及父母和孩子一起参与的团体设置使得青少年更容易有改变的动机以及使得改变行为持续的发生。这也支持了以往关于家庭团体辅导的研究结果（McDonell & Dyck，2004），已有的研究也发现，将家庭关系和亲子沟通纳入到团体干预内容，可以有效地增加青少年或者问题表现者对于其他技能学习的有效性（Goldberg-Arnold et al.，1999；Fristad et al.，2003），同时家庭成员在治疗中的存在，也可以提高问题表现者所感受到的支持度和信任度（McFarlane，2002）。

三、家庭团体干预模式的设置

本研究采用实验组 - 控制组前后测的研究设计，并在干预后 3 个月进行追踪测查，在干预设置上包括了总共 6 次、每周 2 次、每次 2 个小时的时间间隔和每个团体两个干预者的人员安排。曾有研究者发现对于家庭团体来说，2 个小时的干预时间是相对来说较为合适的（Schepp et al.，2003）。之前的关于家庭团体干预模式大都针对较为严重的症状，比如抑郁和精神分裂症等，因此干预时间从 12 周到 2 年不等。但是有研究发现，如果是针对较为轻度的问题行为，6 次活动的团体设置在考虑时间成本和人员参与度的情况是最佳设置之一（Miller et al.，2005）。

　　而针对家庭团体的干预模式主要有两种形式，一种是将家庭成员（主要是父母或者配偶）和问题表现者置于同一个团体，一种是将家庭成员和问题表现者分开进行团体辅导，在干预过程中可能穿插一到两次的合并辅导。有研究者比较了不同的干预模式的效果发现，家庭成员和问题表现者在同一团体的干预模式能更有效地提高家庭内部的系统动力，并使得问题表现者在面对问题的时候更有改变的动机，同时，家庭成员的同步参与也使得他们能够对问题表现者的进步和问题改善有更敏锐的觉察（McDonell & Dyck，2004）。

第五节　小结

　　1. 家庭团体干预能够有效改善青少年的网络成瘾行为，并且这种改善的效果能够持续到 3 个月的追踪期。

　　2. 亲子沟通、亲子关系、现实需求满足等干预因素在干预前后均有显著的改善。

　　3. 亲子沟通、亲子关系、需求满足缺失和网络满足优势的改变能够带来青少年网络成瘾行为的改变，同时，网络满足优势的改变存在着延时效应。

　　4. 家庭团体干预的应用研究支持了亲子互动、需求满足、网络满足优势的内外因交互作用模型。

第十章

理论模型和实证干预的整合讨论

第一节　理论和应用相结合的研究模式

本书采用内外因相结合的视角，基于理论建构和实证验证的技术路线进行整体研究思路的设计。基于大样本调查的理论研究，主要从亲子互动和内在需求两个角度来探讨青少年网络成瘾的影响机制模型；之后的应用研究，基于前两个研究基础的理论模型发展出来干预方案并进行干预实践，并进一步验证了青少年理论模型中的有效因素和行为的改变机制。林崇德先生曾提出理论研究应更多和应用服务相结合，并把能否在实际中应用和推广作为理论研究的一个思考方向（林崇德，2008），因此本研究也着力于将理论研究和应用研究相辅相成，一方面使得理论研究不仅仅停留在理论层面，而是服务于应用实践；另一方面，理论模型是否有效也需要实践的检验。本研究较好地将理论研究和应用研究进行整合。

值得一提的是，本书在干预实验中对于研究变量的干预操作，并考察操作变量的变化对于因变量的影响，这样一种实验性质的变量操控也能够进一步揭示变量间的因果关系。因此，对于干预方案的有效性探讨、理论的验证均具有更大的说服力。

此外，对于干预研究的实证性支持，APA 提出了两个水平，"良好的设置"和"可能的有效性"，即认为一个好的干预研究，应该至少能达到其中一个水平的实证性研究的支持。良好的设置意味着同样的研究设计可以应用到更加广泛的范围，即设计的可推广性；而可能的有效性则要求其他研究在进行类似干预时亦能同样有效，即效果的可重现性（Force，1995，2011；Heilbrunn，2003）。本书在制订干预方案时也考虑到了这一点，每次活动的干预方案都尽量做到实施中的可操作性和可复制性。

第二节
青少年亲子互动 – 心理需求满足
模型的理论内涵和创新

一、亲子互动 – 心理需求满足模型的内涵

亲子互动 - 心理需求满足模型强调从个体内在需求与外界环境相互作用的角度来解释青少年的网络成瘾行为，认为青少年时期的亲子互动，包括亲子沟通和亲子关系，是青少年网络成瘾重要的外在影响因素；同时，个体内在的需求动机是其外在行为的直接决定因素，青少年的心理需求在现实世界中得不到满足造成需求满足缺失是其转而寻求网络满足的重要原因；而在网络使用的过程中，网络使用内容上的优势，包括网络游戏的及时互动和多人在线、无限潜在的网络人际交往和丰富的多元化信息，搭载网络本身的匿名性、便捷性和自由性等方面的特点，都会让青少年在自主、人际交往、认同和表达等需求上形成网络满足优势，从而使青少年沉迷网络世界，导致网络成瘾。

亲子互动 - 需求满足理论模型要求从青少年网络成瘾的动态过

程来理解其成瘾机制，强调个体和环境互动过程中亲子互动和内在需求之间的交互作用。青少年时期，与父母的互动对个体的心理需求满足有着至关重要的作用，不良的互动模式会导致青少年的需求满足缺失，并增加其网络成瘾的风险；而网络成瘾者中网络在需求满足上的优势也会降低亲子间的互动频率和互动质量。对亲子互动进行干预会增加网络成瘾者的现实满足程度，从而减少网络满足优势，降低网络的吸引力。但是亲子互动模式的形成和改变均需要一定时间，因此亲子互动的改变对网络满足优势的影响不是即时效应，而是需要一段时间内的亲子互动和需求满足的交互作用，才能使其降低网络满足优势的效应显现出来，因此这样的一个影响可能更多的是延迟效应，同时也意味着影响效应的持续性可能会更长久。

二、模型的理论创新

本书的理论创新主要在于同时考虑亲子互动和需求满足因素，并整合成内外因相互作用的理论模型。曾有研究者提出了大学生网络满足补偿理论（万晶晶，2007），并且强调网络满足优势的存在是大学生网络成瘾的直接影响因素。本研究在此理论基础之上，扩展去探讨网络满足优势的形成环境以及个体与环境的交互作用过程，并且构建青少年内在需求 - 外在环境以及个体 - 网络互动时两个动态过程的动力机制。因此，本研究的理论模型在已有的网络满足补偿理论的基础上构建了一个更加完整的涵盖外在环境、内在需求以及网络优势的整合模型，并且通过网络满足缺失这样一个变量将现实亲子互动和需求满足联系起来，使得亲子互动对网络满足优势的影响的路径更加合理和明朗。

第三节
青少年网络成瘾的家庭团体干预模式探索

一、家庭团体干预模式的优越性与挑战

如前所述，家庭团体干预在发展过程中曾经出现过多种呈现方式，包括初期的家庭讨论团体、后来发展出的多元家庭干预团体，以及只有部分干预活动是父母和孩子一起参加的多家庭团体等形式。本研究中的家庭团体形式，父母和孩子共同参与每一次的治疗活动，干预过程中亦同时关注家庭内部动力和团体动力。这种形式的家庭团体治疗，其独特之处不仅仅是团体性质在治疗性和教育性上的区别，更多的是将家庭治疗的系统和动力观念引入到团体治疗的过程中，在处理团体动力的过程也注意到家庭内部的系统和动力的改变。因此，可以说本研究中的家庭团体干预是更加严格意义上的家庭团体治疗。

从以往有关家庭团体干预的研究来看，家庭团体干预具有多个相对于个体、团体治疗的优势。

首先，从横向比较来看，家庭团体干预的效果好于个体和普通团体治疗：（1）在大多团体治疗和个体治疗的对照研究中，均发现团体治疗的效果好于或者约等于个体治疗的效果（Anderson，Rees，2007）；（2）在大多数领域里，家庭团体的疗效大于普通团体，有研究者在行为疗法的家庭团体和普通团体治疗强迫症的对比研究中发现，家庭团体和普通团体的症状降低率分别为35%和31%，同时效应量分别为1.38和1.01，显示出家庭团体在某种程

度上可能更加有效，并且这种有效性能持续到之后 3 个月的追踪期
（Van Noppen，Stekette，McCorkle，& Pato，1997），家庭支持则
是其关键的正向因素（Anderson，Rees，2007）；（3）家庭团体治
疗和单个家庭治疗（Single-family therapy）对精神分裂症的比较研
究结果也发现，家庭团体的患者相对于单个家庭治疗患者在 4 年中
具有更低的复发率（50% VS 78%）（McFarlane，Link，Dushay，
Marchal，Crilly ，1995），在治疗过程当中，28% 的家庭团体患
者有至少一次的复发，而这个比例在单个的家庭治疗当中为 42%
（McFarlane，Lukens et al.，1995）；（4）在进一步的家庭团体、单
个家庭治疗和普通团体对住院抑郁病人的疗效比较研究中发现，家
庭团体和单个家庭治疗的疗效显著好于团体治疗，同时家庭团体、
单个家庭治疗和团体治疗的患者在之后的 15 个月里不再服用抗抑
郁药物的比例分别为 26%、16% 和 0（Lemmens et al.，2009）。

　　其次，从不同领域的家庭团体干预实践的效果来看，家庭团
体干预在较为严重的心理疾病，比如精神分裂症、双向障碍等方
面都有较个体治疗更好的效果（McDonell & Dyck，2004）。同时，
Velicer 和 Prochaska（1999）提出了评估一个干预方案总效应的公
式，即总效应＝有效率 × 参与率。这个评估方法要求研究者既关
注有效率，同时也要关注这种方案有多少人愿意参加或能够参加
（参与率）的问题。综合考虑总效应能够帮助我们评估干预方案的
可推广性（Prochaska，Velicer，Fava，Rossi，& Tsoh，2001）从本
研究的干预实践情况来看，家庭团体干预方式能够较好地同时满足
这两个方面的要求。

　　再次，从成本和效果的比较评估来看，家庭团体干预具有更好
的治疗参与率（Lemmens et al.，2009），而且，家庭成员的参与使
得这样一个较高的参与率能够得以保持；同时，家庭团体治疗能够

在改善主诉症状的同时给患者带来促进沟通、克服社会歧视以及减少社会疏离的额外益处（Eisler，2005；Scholz，et al.，2005）。

但是，家庭团体干预在具有优越性的同时，也存在着挑战。挑战之一，父母和孩子在进入同样的治疗设置时，对治疗的期待和目标是不一致的。因此，如何在有限的时间和内容设置上对不同的期待进行均衡和整合，是在发展团体干预方案以及进行实际干预时治疗师需要考虑的问题（Cohen，2004）。本研究的经验是，尽量以目标导向和问题解决导向来进行引导，设定共同的问题和讨论框架，同时允许有差异的存在。此外，准备措辞和内容都清楚明晰的团体知情同意书以及干预前的说明，会有助于参与者对于干预的目标以及可能涉及的内容做到心中有数。挑战之二，不同的家庭存在着不同的家庭结构和动力系统，如何有效地将家庭内在的动力机制和整个团体的动力激发并进行整合，也是影响团体有效性的一个重要因素。因此，以往研究建议在家庭团体治疗中配备两个治疗师（McFarlane，2002），也许可以有助于治疗师对于整个团体动力走向的把控和引导。本研究的两个治疗师分别担任团体组长和副组长，这样的设置也的确有助于整个团体过程的顺利完成。即使在团体中出现了某个家庭内部矛盾或者问题无法及时解决时，副组长也可以进行家庭内部干预而不至于对整个团体的进程产生大的影响。

二、家庭团体干预对于青少年网络成瘾的适应性

本研究发现，家庭团体干预对于青少年网络成瘾的改善具有显著的效果，并且这种效果在 3 个月的追踪阶段中具有较好的持续性。同时，从干预后访谈和反馈信息来看，父母对于能和孩子共同参与团体干预并且共同来应对网络成瘾这一问题的干预方式是非常认同的。而青少年在参加团体之前由于心理治疗的污名效应，存在

着一定程度上的抵触，但在结束之后其态度也都有所改变。可能的原因是：首先对于青少年来说，团体的形式相对于单个的家庭治疗来说其治疗意味较轻，甚至有青少年认为是小组学习，这就使得参加心理治疗就是问题表现者的标签不那么明显；其次，家庭团体的干预过程，均是以团体活动为载体，能够提高青少年的参与感和非治疗感；最后，其他青少年对于和父母共同参与治疗形式的接受态度也能够降低其对于治疗的抵触和促进在团体中的融入。除此以外，前述的家庭团体干预中能够带来动力系统的交互作用、团体设置中干预内容的针对性都能有助于青少年在这一干预过程中的改变。因此，本研究认为，家庭团体干预对于青少年网络成瘾者对治疗的参与率和持续性都有较大的优势，能够很好地适用于青少年网络成瘾的治疗。

第四节　青少年网络成瘾的预防和启示

一、关注家庭环境和亲子互动，营造开放自由的家庭氛围

　　家庭是孩子最重要的社会化场所，父母在青少年的成长中有着不可替代的作用。本研究发现，家庭中亲子之间的关系以及沟通状况能够影响到青少年的网络成瘾行为。同时，这种影响又有可能会受到父母的不同角色作用以及不同行为模式所带来的差异的影响。关注青少年的成长过程中的家庭环境，并对父母与孩子之间的互动模式、关系感知以及沟通情况予以重视，不断提高父母的沟通技能、增加对不同性别青少年养育方式的敏感程度，为青少年提供支

持和鼓励的关系氛围，均有助于预防青少年的网络成瘾行为。同时，充分尊重孩子的自由表达和独立尝试，也有助于增加其对于家庭关系的认可和对家庭成员表达的开放程度。

二、重视青少年独特的心理需求，尊重其寻求满足的尝试

青少年时期是发展阶段中的"暴风骤雨"期，该时期的个体对于独立自主、自我成就以及获得肯定和成功等均具有较高的心理需求。在这一时期，青少年在尝试走出父母的保护和家庭环境的束缚，进行独立的人际交往和关系建立。青少年对于家庭外的亲密关系建立、同伴认可和团体归属的需求超出了其他人生发展阶段的需求程度。同时，青少年也开始有想法和有能力去独立寻求属于自己的需求满足方式。在这样的背景下，父母能否敏锐感知到孩子独特的心理需求，并对其需求满足方式的寻找和尝试给予支持和鼓励，不仅仅是有助于保护其不会发展出非病态和非成瘾性行为的方式，同时也会对其之后的独立性、自我认知和自我效能感都有积极的影响。

除此之外，青少年还具有较强的自由表达的需求和产生影响力的需求。其在现实中可能较难实现这些需求的满足。网络成为其很好的满足方式并使得青少年对在虚拟世界中的影响力着迷。这个过程是青少年寻求自我认同和建立自我概念的一个正常发展阶段，父母和学校等机构需要能够感知和察觉青少年的需求，并提供合适的方式帮助其进行满足。比如，可以适当增加青少年现实生活中的成就体验，尊重他们的想法并提供机会让他们表达，鼓励进行社会实践和参加公益活动，引导他们形成正确的价值观等。有些父母一旦发现孩子上网，就对其进行更加严格的限制，这样有可能反而会增加网络在心理需求满足中的优势效应，增加青少年对网络的迷恋。

因此，适当的疏导和引导对于处理青少年初期的网络沉迷行为十分重要。

三、提高青少年的应对技能，创设快乐轻松的生活和学习氛围

网络的虚拟性、便捷性和逃避性等特点，均是现实世界所不具有的优势，的确会对处于探索期的青少年产生巨大的吸引力，但并不是所有的青少年都会沉迷网络。很多时候，沉迷网络只是青少年应对现实问题、逃避真实压力的一种策略和方式。这种方式的选择往往与家庭的忽视有关，也间接体现了网络的优势效应。因此，提高青少年的应对技能，帮助其看到更多的选择和方法，能够减少其对网络的依赖性。此外，笔者曾经在美国和澳洲访学，采访到不同文化下的青少年的网络使用状况。对于具有丰富课余生活和广泛兴趣的青少年来说，其网络只是其现实生活的延伸，不会喧宾夺主。更多时候，网络只是工具，是其探索世界、发现学习乐趣、扩大视野的一个工具，吸引青少年的往往是真实世界中的奥妙和未知的神奇。因此，为青少年创设轻松快乐的学习氛围，帮助其发现现实世界中的兴趣所在，都能很好地帮助青少年远离网络成瘾。

第五节 研究局限与未来展望

一、本研究的局限之处

（一）理论研究的横断设计

本研究的理论研究部分，采用的是横断设计的大样本问卷调查

的方式进行数据收集，从而建立理论模型，该研究方法在理论模型建立初期是较为可取的方法。但是理论模型还需要纵向的研究设计来进行验证模型在不同的发展阶段是否仍然成立。因此，本研究的横断研究设计使得理论模型在解释和推广上受到一定程度的限制，需要有更进一步的纵向研究的支持和发展。

（二）数据均采用主观报告，可能存在结果偏差

本研究主要是围绕青少年网络成瘾这一问题行为进行问卷设计和干预方案开发，虽然网络成瘾不存在吸毒、酗酒等其他物质成瘾类似的社会污名现象，但是对于青少年来说，在主观报告时仍然会受到社会赞许性的影响而可能隐瞒或者错误报告，这一点是在结果解释时需要考虑到的。也正是因为考虑到这一点，在干预研究部分，增加了父母报告的内容，从而可以对青少年的报告进行补充和修正。

（三）干预研究无多种干预方式的比较设计

前文的讨论部分亦已提及，在进行干预研究时，研究者推崇将不同的干预方式进行对照的研究范式。因此，即便本研究采用了较为严格的控制组 - 实验组的研究设计，但是对于一个探讨干预方式在该领域是否适用的研究来说，无其他干预方式的对照组设计仍是一个缺憾。在未来的进一步研究中，可以在控制相关变量的基础上，进行家庭团体与其他干预方式的对照，如家庭团体与单个家庭治疗或者普通团体治疗进行对照，以验证其对青少年网络成瘾干预的优势。

（四）干预设置仍需改进

在以往成瘾行为和其他精神类病症的家庭团体干预中，研究者均会建议在干预内容中专门设置一个 relapse session，以探讨复发的可能性、相关影响因素和应对措施（McFarlane，2002；Lemmens et al.，2007；Dyck et al.，2000）。同时也有研究发现，婚姻状态、外在批评以及家庭功能均是复发的影响因素，而这些因素在一段持

续的时期内不太可能一直处于稳定状态（Lemmens et al.，2009），这就意味着复发在行为改变过程中是不能避免的问题。因此，在干预设置中加入针对性的 relapse session 十分重要。然而由于本干预研究的主要目的除了要探讨家庭团体干预模式在青少年网络成瘾领域的适用性之外，还需要通过实际的干预实践来验证之前理论研究中的理论模型在行为改变过程中是否成立，因此干预方案是严格地针对模型中的理论因子进行设计的，而没有兼顾到复发因素的考虑。在家庭团体干预方案进行推广实践之前以及在未来的研究中，仍需进进一步完善干预设置，考虑增加 relapse session，以进一步巩固干预效果。

（五）干预研究的追踪时间较短

本研究的追踪时间设定为 3 个月，一方面是出于数据收集的需要，但是另一方面却失去了在更长时期内探讨其行为改变是否延续的机会。曾有研究者在家庭团体治疗、单个家庭治疗和团体治疗的比较研究中发现，家庭团体和家庭治疗的效果在 15 个月的追踪期中仍然显著高于普通的团体治疗（Lemmens et al.，2009 ）。同时，研究者也发现，网络成瘾者可能具有不同的改变阶段，在不同的改变阶段可能会采取不同的改变策略（刘勤学，苏文亮，方晓义，2010）。因此，后续的研究中可以根据青少年网络成瘾行为改变的阶段而相应制定合理的追踪时间以获得更全面的追踪效果。研究者也在继续跟进该干预研究的持续追踪效果。

二、未来研究趋势展望

（一）内因和外因相结合，探讨青少年网络成瘾的环境 - 个体交互作用机制

曾有不同研究者分别提出不同的理论模型来解释网络成瘾的成

瘾机制，关注的角度也各有不同。笔者认为，从问题行为的发生发展机制来看，内因和外因都不可忽视，同时，外在环境和内在动力相结合的考虑也会使研究视角更加完整，对于理解网络成瘾这一行为也更具有解释力。因此，结合不同的理论模型、成瘾原因以及成瘾类型，可以发展出不同的内 - 外因相结合的模型，从而丰富网络成瘾领域的理论研究。

（二）关注成瘾行为改变阶段，纵向研究进行阶段模型的建构

网络成瘾行为本身有一个发生发展的过程，研究显示青少年的在线沟通和其网络使用行为在 6 个月的时间内呈现出不一样的特点，这可能意味着青少年网络成瘾行为存在不同的发展阶段（van den Eijnden，Meerkerk et al.，2008）。同时，针对网络成瘾者本身的行为改变阶段的研究结果（刘勤学，苏文亮，方晓义，2010）也需要纵向研究的设计来支持。因此，进行纵向设计的研究并力图探讨其不同成瘾阶段的特点和发生发展机制，是揭示青少年网络成瘾机制的关键部分，同时，也可以为针对不同阶段开发具有阶段性特点的干预方法提供理论支持。

（三）多元研究方法的应用，将理论研究和应用推广有机结合

为了避免单一研究方法带来的结果偏差，同时也考虑到网络成瘾行为这一问题的现实性需要，需要将多元化的研究方法和研究手段引入到网络成瘾的研究中来。研究者可以考虑在数据收集过程中采用观察法、日记法等更能反映实时变化的方法来研究网络成瘾行为的变化和发展阶段。以往研究也发现不同的调查方法可能会带来成瘾率的偏差，因此在调查过程中，可以将实地的问卷调查和网络调查、电话调查等方式进行整合。

此外，作为目前青少年中最为普遍的问题行为之一，理论研究应该更好地为实际应用服务。尽可能地将理论研究和应用研究相结

合，考察理论研究的现实意义，关注应用研究的可操作性和可推广性，更多地将理论研究成果推广到现实应用中去，为网络成瘾这一社会问题提供更多可行的解决方法。

（四）针对不同成瘾原因开发不同的干预方法，注重预防性干预

研究发现，青少年网络成瘾原因复杂，包括环境因素、个体因素以及个体和环境间的交互影响等多方面原因。对不同类型的青少年个体来说，可能会有不同的主导成因，因此，针对不同成瘾原因进行干预方案的开发会促使干预方案更具针对性，同时也能提高干预效果。

此外，青少年处于发展的特殊时期，且网络成瘾的戒断亦具有特殊性，即不能完全切断而只能引导其合理使用。因此，从长远来看，预防为主的干预模式对青少年是最有利也是最为重要的。目前，青少年是我国最大的网民群体，如何发展出有效合理的预防网络成瘾的干预模式，是学术界亟待解决的问题。国外在青少年物质滥用领域所采取的学校 - 社区联合这一预防模式（Lovato，Watts et al.，2013），能够将区域资源和学校教育进行结合，对于我国青少年网络成瘾的干预或许有借鉴意义。

参考文献

中文文献

[1]白羽，樊富珉. 大学生网络依赖测量工具的修订与应用 [J]. 心理发展与教育，2005(4): 99-104.

[2]毕玉，苏文亮，孙雅峰，曹慧，王建平. 大学生网络成瘾者心理行为特点的在线研究 [J]. 中国临床心理学杂志，2005，13(2): 170-172.

[3]才源源，崔丽娟，李昕. 青少年网络游戏行为的心理需求研究 [J]. 心理科学，2007，30(1):169-172.

[4]才源源. 青少年网络游戏者的心理需求研究 [D]. 上海：华东师范大学 2007 届研究生硕士学位论文，2007.

[5]曹枫林. 青少年网络成瘾的心理机制、脑功能影像学及团体心理干预研究 [D]. 长沙：中南大学，2007.

[6]曹枫林，苏林雁，高雪屏，王玉凤. 中学生互联网过度使用团体心理治疗的对照研究 [J]. 中国心理卫生杂志，2007，21(5): 346-349.

[7]陈历. 论网络交往实践 [D]. 福州：福建师范大学 2003 届研究生硕士学位论文，2003.

[8]陈立民. 亲子关系、同伴关系与青少年攻击性行为的相关研究 [D]. 广州：华南师范大学，2007.

[9]陈妙，孔克勤. 台湾网络成瘾问题硕博士学术研究现况 [J]. 心理科学，2006，28(5): 1253-1255.

[10]陈秋珠. 赛博空间的人际交往——大学生网络交往与心理健康

关系研究 [D]. 吉林大学博士学位论文, 2006.

[11]陈淑惠, 翁俪祯, 苏逸人. 中文网络成瘾量表之编制与心理计量特性研究 [J]. 中华心理学刊, 2003, 45(3): 279-294.

[12]陈侠, 黄希庭. 中国大学生网络成瘾倾向问卷的初步研究 [J]. 心理科学, 2007, 30(3): 672-675.

[13]程麟. 国内网络成瘾的循证研究 [D]. 郑州: 2007 届郑州大学硕士论文, 2007.

[14]程绍珍, 杨明, 师莹. 高中生网络成瘾与家庭环境的关系研究 [J]. 现代预防医学, 2007, 34(14):2644-2646.

[15]池桂波, 王声湧, 赵德龙等. 广州和澳门青少年电子 / 电脑游戏成瘾的流行病学调查 [J]. 中华流行病学杂志, 2001, 22(4):310-311.

[16]池丽萍, 辛自强. 优差生亲子沟通与认知和情绪压力的关系 [J], 心理与行为研究, 2010, 8(2): 133-140.

[17]慈明亮, 贾岳嵩. 关注大学生网络补偿心理 [J]. 中国计量学院学报, 2001, 12(增刊): 32-35.

[18]邓丽芳, 郑日昌. 大学生的情绪向性、表达性与心理健康关系的研究 [J]. 心理发展与教育, 2003(2): 69-73.

[19]邓林园, 方晓义, 万晶晶, 张锦涛, 夏翠翠. 大学生心理需求及其满足与网络成瘾的关系 [J]. 心理科学, 2012, 35(1): 123-128.

[20]杜亚松, 黄莉莉, 江文庆, 王玉凤. 对互联网过度使用青少年的团体干预过程的研究 [J]. 中国临床心理学杂志, 2006, 14 (5): 465-467.

[21]丁道群. 网络空间的人际互动: 理论与实证研究 [D]. 南京: 南京师范大学博士论文, 2002.

[22]范方, 苏林雁, 曹枫林, 高雪屏, 黄山, 肖汉仕等. 中学生互联网过度使用倾向与学业成绩, 心理困扰及家庭功能 [J]. 中国心理

卫生杂志，2006，20(10): 635-638.

[23]方晓义，戴丽琼，房超，邓林园 . 亲子沟通问题与青少年社会适应的关系 [J]. 心理发展与教育，2006(3): 47-52.

[24]方晓义，郑宇，林丹华 . 家庭诸因素与初中生吸烟行为 [J]. 心理学报，2001，33(3): 244-250.

[25]方紫薇 . 网络沉迷，因应，孤寂感与网络社会支持之关系：男女大学生之比较 [J]. 教育心理学报，2010，41(4):773-797.

[26]高磊，李振涛 . 内观—认知疗法治疗青少年网络成瘾障碍治疗与分析 [J]. 天津医科大学学报，2005，11(3): 372-374

[27]宫本宏 . 青少年网络成瘾家庭治疗的研究一附 30 例临床报告 [A]. 浙江省医师协会精神科医师分会成立大会暨二〇〇八年浙江省精神病学学术年会论文汇编 [C]，2008.

[28]郭斯萍，余仙平 . 家庭因素在矫治青少年网络成瘾中的重要作用 [A]. 第十届全国心理学学术大会论文摘要集 [C]，2005

[29]贺金波，郭永玉，柯善玉，赵仑 . 网络游戏成瘾者认知功能损害的 ERP 研究 [J]. 心理科学 [J]，2008，31(2): 380-384.

[30]华伟 . 网络交往与大学生道德自我发展 [D]. 南京：南京师范大学硕士学位论文，2003.

[31]黄少华 . 青少年网民的网络交往结构 [J]. 兰州大学学报 (社会科学版)，2009，37(1): 70-78.

[32]胡乐 . 网络成瘾倾向大学生戒网瘾动机研究 [D]. 重庆：西南大学 2007 届硕士论文，2007

[33]江楠楠，郭培芳 . 国外对因特网成瘾障碍的研究 [J]. 心理科学，2003，26(1): 178-180.

[34]郎艳，李恒芬，贾福军 . 网络成瘾初中生的父母教养方式及人格特征的相关性 [J]. 中国神经精神疾病杂志，2007，33(11): 660-660.

[35]雷雳，李宏利.病理性互联网使用的界定和测量 [J]. 心理科学进展，2003(1): 73-77.

[36]雷雳，柳铭心.青少年的人格特征与互联网社交服务使用偏好的关系 [J]. 心理学报，2005，37(6): 797-802.

[37]雷雳，伍亚娜.青少年的同伴依恋与其互联网使用的关系 [J]. 心理与行为研究，2009，7(2): 81-86.

[38]雷雳，杨洋，柳铭心.青少年神经质人格，互联网服务偏好与网络成瘾的关系 [J]. 心理学报，2006，38(3): 375-381.

[39]雷雳，王争艳，李宏利.亲子关系与亲子沟通 [J]. 教育研究，2001(6): 49-54.

[40]雷雳，王争艳，刘红云，张雷.初中生的亲子沟通及其与家庭环境系统和社会适应关系的研究 [J].应用心理学，2002，8(1): 14-20.

[41]雷雳，杨洋.青少年病理性互联网使用量表的编制与验证 [J]. 心理学报，2007，39 (4): 688-696.

[42]李彩娜，周俊.父母教养方式与青少年网络成瘾 [J]. 当代青年研究，2009(4): 49-54.

[43]李丹，周志宏，朱丹.电脑游戏与青少年问题行为、家庭各因素的关系研究 [J]. 心理科学，2007，30 (2): 450 -453.

[44]李冬霞.青少年网络成瘾倾向与父母教养方式的关系研究 [J].南京医科大学学报 (社会科学版)，2007(2): 138-142

[45]李菲菲.大学生网络交往与现实人际交往的关系研究 [D].武汉：华中师范大学硕士学位论文，2010.

[46]李庚.青少年网络成瘾的认知行为治疗 [D].宁夏：宁夏医科大学 2009 届硕士研究生毕业论文，2009.

[47]李荐中，肖启，汪洁，蒋荣泉，何为民，崔光成.初中生青春期逆反心理的团体家庭治疗 [J].中国全科医学，2006，9(23): 1963-1964

[48]李菁. 城市中学生网络游戏消费行为的心理需求分析 [J]. 青年探索，2009(3): 74-78.

[49]李永占. 高中生网络成瘾与家庭环境关系初探 [J]. 中国心理卫生杂志，2007，21(4): 244-246.

[50]梁凌燕，唐登华，陶然. 211 例网络过度使用青少年的家庭功能探讨 [J]. 中国心理卫生杂志，2007，21(12): 837-840.

[51]梁贞巧，伍辉燕. 发展心理学研究现状及趋势的再思考 [J]. 四川教育学院学报，2008，24(3): 8-11.

[52]林崇德. 我的心理学观：聚焦思维结构的智力理论 [M]. 北京：商务印书馆，第 1 版，2008.

[53]林崇德，李庆安. 青少年期身心发展特点 [J]. 北京师范大学学报（社会科学版），2005(1): 48-56.

[54]林绚晖，阎巩固. 大学生上网行为及网络成瘾探讨 [J]. 中国心理卫生杂志，2001，15(4): 281-283.

[55]林以正，王澄华. 性别对网路人际互动与网路成瘾之影响与中介效应 [J]. 辅导季刊，2001，37(4): 1-10.

[56]刘凤霞，张敏，王学敏，徐鹏等. 天津市中学生网络倾向调查 [J]. 实用预防医学，2010，17(3): 487-489.

[57]刘辉，方群，孙照平. 江苏省青少年网络成瘾行为流行病学研究 [J]. 中国校医，2006，20(4): 346-348.

[58]刘勤学，方晓义，周楠. 青少年网络成瘾研究现状及其未来展望 [J]. 华南师范大学学报（社会科学版），2011(3): 65-70.

[59]刘勤学，苏文亮，方晓义. 大学生网络使用改变策略探讨：问卷编制及特点分析 [J]. 心理科学，2010，33(5): 1148-1153.

[60]刘新颖. 网络游戏：如何满足游戏者心理需求 [J]. 宁波广播大学电视大学学报，2005，3(1): 46-48.

[61]刘亚丽. 需要层次理论与网络心理需求关系探讨 [J]. 湖南师范大学教育科学学报，2009，8(4): 113-117.

[62]柳艳艳. 大学生网络使用动机与网络成瘾关系的研究 [J]. 江西金融职工大学学报，2008，21(6): 131-133.

[63]楼高行，王慧君. 青少年家庭依恋、朋友依恋与网络游戏成瘾的关系 [J]. 现代教育科学，2009(1): 44-45

[64]罗辉萍，彭阳. 青少年网络成瘾与家庭环境、依恋的关系研究 [J]. 中国临床心理学杂志，2008，16(3): 319-321.

[65]罗喆慧，万晶晶，刘勤学，方晓义. 大学生网络使用、网络特定自我效能与网络成瘾的关系 [J]. 心理发展与教育，2010，26(6): 618-626

[66]吕媛，易银沙，邓昶等. 网络行为对大学生学习成绩和心理健康状况的影响 [J]. 中国学校卫生，2004，25(2): 250-251.

[67]马恒平. 网络行为的心理伦理分析 [D]. 武汉：武汉科技大学硕士学位论文，2002.

[68]孟丽丽. 网络游戏参与动机与学习动机的相关分析 [J]. 开放教育研究，2008，14(1): 92-96.

[69]彭阳，周世杰. 青少年网络成瘾与家庭环境、父母教养方式的关系 [J]. 中国临床心理学杂志，2007(4): 418-421.

[70]钱铭怡，章晓云，黄峥，张智丰，聂晶. 大学生网络关系依赖倾向量表 (IRDI) 的初步编制 [J]. 北京大学学报 (自然科学版)，2006，42(6): 802-807.

[71]石庆馨，周荣刚，葛燕，秦宪刚，张侃. 中学生网络成瘾和感觉寻求的关系 [J]. 中国心理卫生杂志，2005，19(7): 453-456.

[72]宋爱芬，史学武，梁蓉. 网络成瘾干预的研究现状、问题及展望 [J]. 昌吉学院学报，2007(1): 45-51.

[73]宋桂德,李芮,刘长娜,张凡,朱传芳,王文娟等.天津市学生网络成瘾流行病学调查 [J]. 中国慢性病预防与控制,2008,16(2): 153-155.

[74]苏梅蕾,洪军,薛湘,李恩泽.青少年网络成瘾行为的心理特点和父母教养方式的分析 [J]. 现代预防医学,2008,35(14): 2702-2703.

[75]苏文亮,刘勤学,方晓义,房超,万晶晶.对大学生网络成瘾者的质性研究 [J].青年研究,2007(10): 10-16.

[76]孙宝志,景汇泉.大学生需要理论的二十年追踪研究 [J]. 心理科学,2001,24(5): 608-609.

[77]谭文芳.大学生网络使用动机、人格特征与网络成瘾之关系研究 [J]. 中国健康心理学,2006,14(3): 245-247.

[78]万晶晶,张锦涛,刘勤学,邓林园,方晓义.大学生心理需求网络满足问卷的编制 [J].心理与行为研究,2010,8(2): 118-125

[79]万晶晶.心理需求补偿与网络成瘾的关系 [D]. 北京:北京师范大学 2007 届博士论文,2007.

[80]王立皓,童辉杰.大学生网络成瘾与社会支持、交往焦虑、自我和谐的关系研究 [J]. 健康心理学杂志,2003,11(2): 94-96.

[81]王丽娟,于璐,熊韦锐.国外青少年亲子沟通研究述评 [J].外国中小学教育,2009(7): 43-47

[82]王新友,李恒芬,肖伟霞.父母教养方式对青少年网络成瘾的影响 [J].中国健康心理学杂志,2009,17(6): 685-686

[83]王争艳,刘红云,雷雳等.家庭亲子沟通与儿童发展关系 [J]. 心理科学进展,2002,10(2): 192-198.

[84]魏华,张丛丽,周宗奎,金琼,田媛.媒体暴力对大学生攻击性的长时效应和短时效应 [J].心理发展与教育,2010(5): 489-494.

[85]肖宁. 大学生网络成瘾倾向现状及其与生活事件、网络社会支持的关系研究 [D]. 长沙：湖南师范大学硕士学位论文，2010.

[86]辛自强等. 小学学习不良儿童家庭功能研究 [J]. 心理发展与教育，1999，15(1): 22-26.

[87]邢秀茶，曹雪梅. 以和谐家庭为主要目标的系统家庭团体辅导实践研究 [J]. 河北师范大学学报（哲学社会科学版），2006，29(4): 148-152.

[88]徐桂珍，王远玉，苏颖. 网络成瘾少年家庭关怀及干预措施研究 [J]. 山东医学高等专科学校学报，2007，29 (1): 51253.

[89]徐耀聪，余雯雯，王立新. 国内关于青少年网络成瘾成因研究综述 [J]. 社会心理科学，2007，22 (1- 2): 243-247.

[90]姚聪燕. 音乐治疗对青少年网络成瘾的干预 [J]. 乐器，2010 (2): 28-31.

[91]杨丑牛，袁斯雅，冯锦清，杨美娇，姚玉梅，张雪琴. 中学生网络成瘾与父母教养方式的相关研究 [J]. 华南预防医学，2008，24(3): 52-54.

[92]杨放如，郝伟. 2 例网络成瘾青少年心理社会综合干预的疗效观察 [J]. 中国临床心理学杂志，2005(3): 343-345

[93]杨容，邵智，郑涌. 中学生网络成瘾症的综合干预 [J]. 中国心理卫生杂志，2005，19(7): 457-459.

[94]杨文娇，周治金. 大学生网络成瘾类型及其人格特征研究 [J]. 华中科技大学学报（社会科学版），2004(3): 39-42.

[95]杨晓峰，陈中永. 大学生网络成瘾量表的编制及其信效度指标 [J]. 内蒙古师范大学学报（哲学社会科学版），2006，35(4): 89-93.

[96]杨彦春，祝卓宏. 电子游戏成瘾行为的精神病理机制探讨 [J]. 中国心理卫生杂志，1999，13(5): 319-321.

[97]杨彦平,崔丽娟,赵鑫.团体心理辅导在青少年网络成瘾者矫治中的应用[J].当代教育科学,2004(3): 46-48.

[98]杨洋,雷雳,柳铭心.青少年责任心人格、互联网服务偏好与"网络成瘾"的关系[J].心理科学,2006, 29(4):947–950.

[99]杨洋,雷雳.青少年外向/宜人性人格、互联网服务偏好与"网络成瘾"的关系[J].心理发展与教育,2007, 23(2): 42-48.

[100]叶娜,佐斌,张陆.大学生网络游戏动机与成瘾的关系研究[J].黑龙江高教研究,2009(4): 97-99.

[101]叶一舵,白丽英.国内外关于亲子关系及其对儿童心理发展影响的研究[J].福建师范大学学报(哲学社会科学版),2002(2): 130-137.

[102]于淼.我国当代大学生网络游戏消费动机研究[D].长春:吉林大学2008届硕士论文,2008

[103]赵仑,高文斌网络成瘾患者早期面孔加工N170的研究[J].航天医学与医学工程,2007, 20(1): 72-74

[104]张凤宁,张怿萍,邹锦山.青少年网络成瘾及系统家庭治疗[J],中国全科医学,2006, 9(1): 48-50

[105]张国华,雷雳,邹泓.青少年的自我认同与"网络成瘾"的关系[J].中国临床心理学杂志,2008, 16(1): 37-39.

[106]张海涛,苏苓,王美芳.高职生家庭环境、自我和谐与网络成瘾关系的研究[J].学校党建与思想教育,2011(1): 54-56.

[107]张红霞,谢毅.动机过程对青少年网络游戏行为意向的影响模型[J].心理学报,2008, 40(12): 1275-128.

[108]张宏如.网络成瘾大学生动机与人格特征[J].健康心理学杂志,2003, 11(5): 398-400.

[109]张兰君.大学生网络成瘾倾向多因素研究[J].健康心理学杂志,

2003，11(4): 279-280.

[110]张林，邓小平. 高中生父母教养方式、身体自我认知对性别角色发展的影响 [J]. 心理发展与教育，2008，24(3): 53-57

[111]张珊明. 国外有关青少年问题行为成因的研究概述 [J]. 长江师范学院学报，2008，24(3): 91-96

[112]张蔚. 青少年网络游戏成瘾及其综合预防 [D]. 长沙：湖南师范大学 2006 届研究生硕士学位论文，2006.

[113]张晓，陈会昌，张桂芳，周博芳，吴巍. 亲子关系与问题行为的动态相互作用模型：对儿童早期的追踪研究 [J]. 心理学报，2008，40(5): 571-582.

[114]赵仑，高文斌. 网络成瘾患者早期面孔加工 N170 的研究 [J]. 航天医学与医学工程，2007，20(1): 72-74

[115]赵璇，柯惠新，陈锐. 青少年网络成瘾的家庭影响因素研究 [J]. 现代传播：中国传媒大学学报，2011 (4): 108-113.

[116]赵艳丽. 青少年网络成瘾与父母教养方式的研究 [J]. 信阳师范学院学报：哲学社会科学版，2008，28(2): 73-76.

[117]中国互联网信息中心（CNNIC）. 第 21 次中国互联网络发展状况统计报告 [R]，www.cnnic.net.cn，2008-01-20.

[118]中国互联网信息中心（CNNIC）. 第 23 次中国互联网络发展状况统计报告 [R]，www.cnnic.net.cn，2009-01-20 .

[119]中国互联网信息中心（CNNIC）. 第 26 次中国互联网络发展状况统计报告 [R]，www.cnnic.net.cn，2010-07-20.

[120]中国互联网信息中心（CNNIC）. 第 32 次中国互联网络发展状况统计报告 [R]，www.cnnic.net.cn，2013-07-17.

[121]中国青少年网络协会. 2007 年中国青少年网瘾数据报告 [R]. 人民网，2007.

[122]周波，张智. 美国儿童发展中父亲影响作用研究综述 [J]. 当代青年研究，2004(2): 47-51

[123]周灿华，蔡浩明. 网络受众的构成状况及心理需求刍议 [J]. 现代视听，2007(7):14-17.

[124]周治金，杨文娇. 大学生网络成瘾类型问卷的初步编制 [J]. 中国心理卫生杂志，2007，20(11): 754-757.

[125]朱智贤. 儿童心理学研究中的若干基本问题 [J]. 北京师范大学学报（社会科学版），1979(1): 48-53.

[126]卓彩琴，招锦华. 青少年网络成瘾的家庭治疗策略分析——基于三个典型家庭治疗案例的质性研究 [J]. 河南社会科学，2008，16 (1): 83-87.

英文文献

[1]Ackard, D. M., Neumark-Sztainer, D., Story, M., & Perry, C. Parent–child connection and behavioral and emotional health among adolescents[J]. American Journal of Preventive Medicine, 2006(30): 59-66.

[2]Anderson R. A., Rees C. S. Group versus individual cognitive-behavioural treatment for obsessive-compulsive disorder: A controlled trial[J]. Behaviour Research and Therapy, 2007(45): 123–137.

[3]Anderson, C. M., Reiss, D. J., & Hogarty, G. E. Schizophrenia and the family[M]. New York: Guilford, 1986

[4]Asen, E., & Schuff, H. Psychosis and multiple family group therapy[J]. Journal of Family Therapy, 2006, 28(1): 58-72.

[5]Ashley, O. S., Penne, M. A., Loomis, K. M., Kan, M., Bauman, K. E., Aldridge, M., et al. Moderation of the association between parent and

adolescent cigarette smoking byselected sociodemographic variables[J]. Addictive Behaviors, 2008(33): 1227-1230.

[6]Aslanidou,S., Menexes,G. Youth and the Internet: Uses and practices in the home[J]. Computers & Education, 2008(51): 1375–1391.

[7]Bandura, A. Social foundations of thought and action[M]. Prentice Hall: Englewood Cliffs, NJ : Prentice-Hall, 1986.

[8]Bandura A. Regulation of cognitive processes through perceived self-efficacy[J]. Developmental psychology, 1989, 25(5): 729.

[9]Bandura, A. Social cognitive theory: An agentic perspective[J]. Annual review of psychology, 2001, 52(1): 1-26.

[10]Barbaranelli, Regalia. Psychosocial risk factors in adolescents: the role of regulatory and emotional self-efficacy and parental communication[J].Eta-evolutiva, 1998(60):93–100.

[11]Barber, B. K., Olsen, J. E., & Shagle, S. C. Associations between parental psychological and behavioral control and youth internalized and externalized behaviors[J]. Child development, 1994, 65(4): 1120-1136.

[12]Barker, J. C., Hunt,G. Representations of family: a review of the alcohol and drug literature[J]. International Journal of Drug Policy, 2004(15): 347–356.

[13]Barness, H. L., &Olson ,D.H. Parent-adolescent communication and circumplex model[J]. Child Development, 1985(56): 438-447.

[14]Bartsch A., Viehoff R. The use of media entertainment and emotional gratification[J]. Procedia Social and Behavioral Sciences, 2010(5): 2247–2255.

[15]Blais, J. J., Craig, W. M., Pepler, D., & Connolly, J. Adolescents online:

The importance of Internet activity choices to salient relationships[J]. Journal of Youth and Adolescence, 2008(37): 522–536.

[16]Blomfield, O. H. D.Groups: The More Primitive Psychology? A Review of Some Paradigms in GroupDynamics[J]. Aust. N. Z. J. Psychiat., 1972(6): 238-46.

[17]Boyd, D., & Ellison, N. B. Social network sites: Definition, history and scholarship[J]. Journal of Computer-Mediated Communication, 2007, 13(1): 210-230.

[18]Brenner, V. Psychology of computer use: XLVII. Parameters of Internet use, abuse and addiction: the first 90 days of the Internet Usage Survey[J]. Psychological reports, 1997, 80(3): 879-882.

[19]Brody F, Hollett et al. Children's development of alcohol use norms: Contributions of parent and sibling norms, children's temperaments, and parent-child discussions[J]. Journal of family psychology, 1998, 12(2): 209–219.

[20]Bronfenbrenner, U. Ecology of the family as a context for human development: Research perspectives[J]. Developmental Psychology, 1986(22): 723–742.

[21]Buchnan, C.M., Maccoby, E.E., &Dornbush, S.M. Caught between parents: Adolescents' experience in divorced homes[J]. Child Development, 1991(62): 1008-1029.

[22]Caikszentmihalyi, M. Flow: The Psychology of Optimal Experience[M]. New York: Harper & Row, 1990.

[23]Caplan, S. E. Problematic Internet use and psychosocial well-being: development of a theory-based cognitive-behavioral measurement instrument[J]. Computers in Human Behavior, 2002(18): 553-575.

[24]Catalano, R. F., & Hawkins, J. D. The social development model[J]. Delinquency and crime, 1996: 149-197.

[25]Charlton, J. P. A factor-analytic investigation of computer 'addiction' and engagement[J]. British Journal of Psychology, 2002(93): 329-345.

[26]Chien Chou, Linda Condron,and John C. Belland. A Review of the Research on Internet Addiction[J]. Educational Psychology Review, 2005, 17(4): 363-389.

[27]Choi, D., & Kim,J. Why peopel continue to play online games: In search of critical design factors toincrease customers loyalty to online contents[J]. CyberPsychology & Behavior, 2004(7): 11-24.

[28]Chou, C., & Hsiao, M. C. Internet addiction, usage, gratification, and pleasure experience: the Taiwan college students' case[J]. Computers & Education, 2000, 35(1): 65-80.

[29]Clauskiene, I. & Zaborskis, A. The effects of family structure, parent–child relationship and parental monitoring on early sexual behaviour among adolescents in nine European countries[J]. Scandinavian Journal of Public Health, 2008(36): 607–618

[30]Coffelt, N. L., Forehand, R., Olson, A. L., Jones, D. J., Gaffney, C. A., Zens, M. S. A longitudinal examination of the link between parent alcohol problems and youth drinking: The moderating roles of parent and child gender[J]. Addictive Behaviors, 2006(31): 593–605.

[31]Cohen, E. The parent-child mutual recognition model: Promoting responsibility and cooperativeness in disturbed adolescents who resist treatment[J]. Journal of psychotherapy intergration, 2004, 14(3): 307-322.

[32]Collins, W. E.,Newman, B. M.,McKenry, E. C.Intrapsychic and

interpersonal factors related to adolescent psychological well being in stepmother and stepfather families[J].Journal of Family Psychology, 1995(9): 433-455.

[33]Conner K.R., Shea R.R., McDermott M.P., Grolling R., Tocco R.V., Baciewicz G. The role of multifamily therapy in promoting retention in treatment of alcohol and cocaine dependence[J]. The American Journal on Addictions , 1998, 7(1): 61-73.

[34]Curle,C., Bradford,J., Thompson, J., & Cawthron, P. Users' Views of a Group Therapy Intervention for Chronically Ill or Disabled Children and Their Parents: Towards a Meaningful Assessment of Therapeutic Effectiveness[J]. Cliinical Child Psychol Psychiatry , 2005(10): 509-528.

[35]D. Amico AV, Whittington R, Malkowicz SB, et al. The combination of the preoperative prostate-specific antigen level and postoperative pathologic findings to predict PSA outcome in men with clinically localized prostate cancer[J]. The Journal of urology, 1998, 160(6): 2096-2101.

[36]Davis, R.A. Treatment of Internet addiction[J]. Retrieved from http:// www. Internet addiction.ca/treatment.htm, 2001.

[37]Deci, E. L., & Ryan, R. M. Facilitating optimal motivation and psychologicalwell-being across life's domains[J]. Canadian Psychology, 2008(49): 182–185.

[38]Deci, E. L., & Ryan, R. M. Intrinsic motivation and self-determination in human behavior[M]. New York: Plenum, 1985a

[39]Deci, E. L., & Ryan, R. M. The "what" and "why" of goal pursuits: Humanneed and the self-determination of behavior[J]. Psychological

Inquiry, 2000(11): 227–268.

[40]Deci, E. L., & Ryan, R. M. The general causality orientations scale: Selfdeterminationin personality[J]. Journal of Research in Personality, 1985(19): 109–134.

[41]Dell'Osso, B., Hadley, S., Allen, A., Baker, B., Chaplin, W. F., & Hollander, E. Escitalopram in the treatment of impulsive–compulsive Internet usage disorder:An open-label trial followed by a double-blind discontinuation phase[J]. The Journalof Clinical Psychiatry, 2008(69): 452–456.

[42]Demetrovics, Z., Szeredi, B., &Rózsa, S. The three-factor model of Internet addiction: The development of the Problematic Internet Use Questionnaire[J]. Behavior Research Methods, 2008, 40(2): 563-574.

[43]Detre, T., Kessler, D., Sayers, J.A Socio-Adaptive Approach to Treatment of Acutely Disturbed PsychiatricIn-Patients[J]. Proceedings Third World Congress Psychiatry, 1961(1): 501-506.

[44]Didelot, M. J, Hollingsworth, L., & Buckenmeyer, J.A. Internet Addiction: A Logo the rapeutic Approach[J]. Journal of Addictions & Offender Counseling, 2012, 33(1), 1:19-33.

[45]Dong, G.H, Huang, J., Du, X.X. Enhanced reward sensitivity and decreased loss sensitivity in Internet addicts: an fMRI study during a guessing task[J]. Journal of Psychiatric Research, 2011, 45(11): 1525-1529.

[46]Donner, J. and Gamson, A.. Experience with Multifamily, Time Limited, Outpatient Groups at a Community Psychiatric Clinic[J]. Psychiatry, 1968(31): 126-37.

[47]Doyal, L., & Gough, I. A theory of human need[M]. Palgrave Macmillan, 1991.

[48]Du, Y. S., Jiang, W., & Vance, A. Longer term effect of randomized, controlled group cognitive behavioural therapy for Internet addiction in adolescent students in Shanghai[J]. Australian and New Zealand Journal of Psychiatry, 2010, 44(2): 129-134.

[49]Du, Y. -S., Jiang, W., & Vance, A. Longer term effect of randomized, controlledgroup cognitive behavioural therapy for internet addiction in adolescent studentsin Shanghai[J]. The Australian and New Zealand Journal of Psychiatry, 2010(44): 129–134

[50]Dyck, D. G., Short, R. A., Hendryx, M. S., Norel, D., Myers, M., Patterson, T., McDonell, M. G., Voss, W. D., & McFarlane,W. R. Management of negative symptoms among patients with schizophrenia attending multiple-family groups[J].Psychiatric Services, 2000(51): 513–519.

[51]East P. L. The parent-child relationships of withdrawn, aggressive, and sociable children: child and parent perspectives[J]. Merrill-Palmer Q., 1991(37): 425-44.

[52]Eastin, M. A., & LaRose, R. L. Internet self-efficacy and the psychology of the digital divide[J]. Journal of Computer Mediated Communication, 2000, 6(1): 73-81

[53]Eastin, M. S. The Role of Cognitive Modeling in Predicting Internet Use[J]. Michigan State University. Department of Telecommunication, 2001

[54]Eisler I. The empirical and theoretical base of family therapy and multiple family day therapy for adolescent anorexia nervosa[J]. Journal of Family Therapy, 2005(27): 104–131.

[55]Elisheva F. Gross, Jaana Juvonen, & Shelly L.Gable. Internet Use and

Well-Being in Adolescence[J]. Jounal of Social Issues, 2002, 58(1): 75-90

[56]Ellison, N. B., Steinfield, C., & Lampe, C. The benefits of Facebook ''friends:" Social capital and college students' use of online social network sites[J]. Journal of Computer Mediated Communication, 2007, 12(4): 1143–1168.

[57]Fearnow, C.Determinants of parental attempts to deter their children's cigarette smoking[J]. Journal of applied developmental psychology, 1998, 19(3): 453–468.

[58]Feng, Q., Chen, X., Sun, J.H., Zhou, Y., Sun, Y.W., Ding, W.N., et al. Voxel-level comparison of arterial spin-labeled perfusion magnetic resonance imaging in adolescents with internet gaming addiction[J]. Behavioral and Brain Functions, 2013(9): 33-43

[59]Fisher, G. L., & Harrison, T. C. Substance abuse[M]. Boston: Allyn and Bacon, 1997.

[60]Fisher, G. L., & Harrison, T. C. Substance abuse: Information for school counselors, social workers, therapists, and counselors[M]. Boston: Allyn and Bacon, 2000.

[61]Flanagin, A. IM online: Instant messaging use among college students[J]. Communication Research Reports, 2006, 22(3): 175–187.

[62]Force, B. T. The Costs and Benefits of Truancy Intervention to Prevent High School Dropout and Juvenile Delinquency in Washington: A Policy Brief. 2011

[63]Fristad, M.A., Goldberg-Arnold, J.S., & Gavazzi, S.M. Multiple-family psychoeducation groups in the treatment of children with mood disorders[J]. Journal of Marital and Family Therapy, 2003, 29(4): 491–

504.

[64]Goldberg-Arnold, J. S., Fristad, M. A., & Gavazzi, S. M. Family psychoeducation: Giving caregivers what they want and need[J]. Family Relations, 1999(48): 411–417.

[65]Gray, M.R., Steinberg, L. Unpacking authoritative parenting: Reassessing a multidimensional construct[J]. Journal of Marriage& Family, 1999(61): 574–587.

[66]Greenberg, D. N. Psychological characteristics of compulsive Internet use: A preliminary analysis[J]. CyberPsychology and Behavior, 1999(2): 403-412.

[67]Grinter, R. E., &Palen, L. Instant messaging in teen life[A]. Paper presented at the CSCW' 02[C], New Orleans, Louisiana,2002.

[68]Grossmann K, Grossmann KE, Fremmer-Bombik E, Kindler H, Scheuerer-English H, Zimmermann P. Theuniqueness of the child-father attachment relationship: fathers' sensitive and challenging play as a pivotalvariable in a 16-year longitudinal study[J]. Child-Father Attachment, 2002(11): 307–31.

[69]Hall A. S. & Parsons J. Internet addiction: College student case study using best practices in cognitive behavior therapy[J]. Journal of Mental Health Counseling, 2001, 23(4): 312-327.

[70]Han, D. H, Kim, Y. S, Lee, Y. S, Min, K. J., &Renshaw, P. F. Changes in Cue-induced，Prefrontal Cortex Activity with Video-Game play[J]. Cyberpsychology, Behavior and Social Networking, 2010, 13(6): 655-661

[71]Han, D. H，Bolo, N, Daniels, M. A, Arenella, L., Lyoo, I. K, &Renshaw, P. F. Brain activity and desire for Internet video game

play[J]. Comprehensive Psychiatry, 2011(52): 88-95

[72]Han, D. H., Hwang, J. W., & Renshaw, P. F. Bupropion sustained release treatment decreases craving for video games and cue-induced brain activity in patients with internet video game addiction[J]. Experimental and Clinical Psychopharmacology, 2010(18): 297–304.

[73]Han, D. H., Hwang, J. W., Renshaw, P.F. Bupropion Sustained Release Treatment Decrease Craving for Video Games and Cue-induced Brain Activity in Patients with Internet Viedo Game addiction[J]. Experimental and Clinic Psychopharmacology, 2010, 18(4): 297-304

[74]Han, D. H., Lee, Y. S., Na, C., Ahn, J. Y., Chung, U. S., Daniels, M. A., et al. The effect of methylphenidate on internet video game play in children with attention-deficit/ hyperactivity disorder[J]. Comprehensive Psychiatry, 2009(50): 251–256.

[75]Han, D.H., Renshaw, P.F. Bupropion in the treatment of problematic online game play in patients with major depressive disorder[J]. Journal of Psychopharmacology, 2012(26): 689-696.

[76]Harburg, E., Davis, D. R., & Caplan, R. Parent and offspring alcohol use: Imitative and aversive transmission[J]. Journal of Studies on Alcohol, 1982(43): 497–516.

[77]Hartos.J.L, Power T.G. Relations Among Single Mothers' Awareness of Their Adolescents' Stressors, Maternal Monitoring, Mother-Adolescent Communication, and Adolescent Adjustment[J]. Journal of Adolescent Research, 2000, 15(5): 546-560.

[78]Hawkins, J.D., Weis, J. The social development model: Anintegrated approach to delinquency prevention[J]. Journal Primary Prevention, 1985(6): 73–97.

[79]Heilbrunn, J. Z. The costs and benefits of three intensive interventions with Colorado truants[R]. National Center for School Engagement, Colorado Foundation for Families and Children, 2003.

[80]Hiltz, S. R., Johnson, K., &Turoff, M. Experiments in Group Decision Making Communication Process and Outcome in Face‐to‐Face Versus Computerized Conferences[J]. Human communication research, 1986, 13(2): 225-252.

[81]Hirschi, T. Causes of delinquency[M]. Berkeley, CA: University ofCalifornia Press, 1969.

[82]Hoffmann, J. P., & Johnson, R. A. A national portrait of family structure and adolescent drug use[J]. Journal of Marriage and the Family, 1998:633-645.

[83]Hu, Y., Wood, J. F., Smith, V., & Westbrook, N. Friendship through IM: Examining the relationship between instant messaging and intimacy[J]. Journal of Computer Mediated Communication, 2004, 10(6):00-00.

[84]Huang, Z., Wang, M., Qian, M., Zhong, J., & Tao, R. Chinese Internet addiction inventory: developing a measure of problematic Internet use for Chinese college students[J]. Cyberpsychology& Behavior, 2007, 10(6): 805-812.

[85]Ilardi, B. C., Leone, D., Kasser, T., & Ryan, R. M. Employee and Supervisor Ratings of Motivation: Main Effects and Discrepancies Associated with Job Satisfaction and Adjustment in a Factory Setting1[J]. Journal of Applied Social Psychology, 1993, 23(21): 1789-1805.

[86]Isaacs, E., Walendowski, A., Whittaker, S., Schiano, D., &Kamm, C. The character, functions, and styles of Instant Messaging in the

参考文献 ※ *217*

workplace[A]. Proceedings of the 2002 ACM Conference on Computer Supported Cooperative Work[C], 2002.

[87]Jackson, S.,Ostra, L.,Bosma, H.Adolescents'perceptions of communication with parents relative to specific aspects of relationships with parents and personal development[J]. Journal of Adolescence, 1998(21): 305-323.

[88]Kandell. Internet Addiction on Campus: The Vulnerability of College Students[J]. CyberPsychology & Behavior, 1998(1):367-372.

[89]Kasser, T., & Ryan, R. M. Further examining the American dream : Differential correlates of intrinsic and extrinsic goals[J]. Personality and Social Psychology Bulletin, 1996(22): 280-287.

[90]Kasser, V., & Ryan, R. M. The relation of psychological needs for autonomy and relatedness to vitality, well-being, and mortality in a nursing home[J]. Journal of Applied Social Psychology, 1999(29): 935-454.

[91]Katz, James E. & Syntopia, R. R. Access, Civic Involvement, and Social Interaction on the Net[J]. The Internet in everyday life, 2002: 114-138.

[92]Kim, J.U. A Reality Therapy Group Counseling Program as An Internet Addiction Recovery Method for College Student in Korea[J]. International Journal of Reality Therapy, 2008, 26(2):3-10.

[93]Kim, K., Ryu, E., Chon, M. Y., Yeun, E. J., Choi, S. Y., Seo, J. S., & Nam, B. W.. Internet addiction in Korean adolescents and its relation to depression and suicidal ideation: a questionnaire survey[J]. International journal of nursing studies, 2006, 43(2): 185-192.

[94]Kim.K.H.,Park.J.Y., &Chum.H.C. E-lifestyle and motives to use online games[J]. Irish Marketing Review, 2002, 15(2): 71-77.

[95]Ko, C.H., Liu, G.C., Yen J.Y., Yen, C.F., Chen, C.S. Lin, W.C. The brain

activations for both cue-induced gaming urge and smoking craving among subjects comorbid with Internet gaming addiction and nicotine dependence[J]. Journal of Psychiatric Research, 2013(47): 486-493.

[96]KO,C.H., Yen,J.Y., Yen, C.F., Lin, H.C., Yang, M.J. Factors Predictive for Incidence and Remission of Internet Addiction in Young Adolescents: A Prospective Study[J]. Cyberpsychology and behavior, 2007, 10(4):545-553.

[97]Kraut, R., Kiesler, S., Boneva, B., Cummings, J., Helgeson, V., & Crawford, A. Internet Paradox Revisited[J]. Journal of Social Issues, 2002, 58(1): 49-74.

[98]Kraut, R., Lundmark, V., Patterson, M., Kiesler, S., Mukhopadhyay, T. & Scherlis,W. Internet paradox: a social technology that reduces social involvement and psychological well-being? [J]. American Psychologist, 1998(53): 1017-1031.

[99]Lanjun, Z. The applications of group mental therapy and sports exercise prescriptionsin the intervention of internet addiction disorder[J]. Psychological Science(China), 2009(32): 738–741.

[100]Laqueur, H. P., Laburt, H. A..Family Organization on a Modern State Hospital Ward[J]. Mental Hygiene, 1964(48): 544-51.

[101]LaRose, R., Lin, C. A. & Eastin, M. S. Media addiction, media habits and deficient self-regulation in the case of the Internet[A]. Paper presented at the Annual Conference of the International Communication Association[C]. Seoul, Korea, 2002.

[102]LaRose, R., Mastro, D., & Eastin, M. S. Understanding internet usage: A social-cognitive approach to uses and gratifications[J]. Social Science Computer Review, 2001(19): 395-413.

[103]Leichter, W., & Schulman, G. Multi-family group therapy: a multidimensional approach[J]. Family process, 1974(13): 95-110.

[104]Lemmens G. M.D, Eisler, I., Buysse, A., Heene, E., Demyttenaere, K.The Effects on Mood of Adjunctive Single-Family and Multi-Family Group Therapy in the Treatment of Hospitalized Patients with Major Depression : A 15-Month Follow-Up Study[J]. Psychother Psychosom, 2009(78):98–105.

[105]Lemmens, G. Multi-family group therapy in the treatment of major depression[J]. 2007.

[106]Lemmens, G. M., Wauters, S., Heireman, M., Eisler, I., Lietaer, G., & Sabbe, B. Beneficial factors in family discussion groups of a psychiatric day clinic: perceptions by the therapeutic team and the families of the therapeutic process[J]. Journal of Family Therapy, 2003, 25(1): 41-63.

[107]Lemmens,G., Eisler,I., Migerode,L., Heiremand, M.,& Demyttenaere, K. Family discussion group therapy for major depression: a brief systemic multi-family group intervention for hospitalized patients and their family members[J]. Journal of Family Therapy, 2007(29): 49–68.

[108]Lenhart, A., & Madden, M. Social net-working sites and teens: An overview[A]. Washington, DC: Pew Internet and American Life Project[C], 2007.

[109]Lenhart, A., Rainie, L., & Lewis, O. Teenage life online: The rise of the Instant-Message generationand the Internet 's impact on friendships and family relations[A]. Washington, DC: The Pew Internet &American Life Project[C], 2001.

[110]Levin, K. A., & Currie, C. Family structure, mother-child

communication, father-child communication, and adolescent life satisfaction: A cross-sectional multilevel analysis[J]. Health Education, 2010, 110(3): 152-168.

[111]Li, G., & Dai, X. -Y. Control study of cognitive–behavior therapy in adolescentswith internet addiction disorder[J]. Chinese Mental Health Journal, 2009(23): 457–470.

[112]Lin, C. A. Adolescents' viewing activities and gratifications in a new media environment[J]. Mass Communication Review, 1993, 20(2), 39-50.

[113]Ling, R. (2004). The mobile connection: The cell phone' s impact on society. San Francisco: Elsevier.

[114]Liu, Q. X., Fang, X. Y., Deng, L. Y., & Zhang, J. T. Parent–adolescent communication, parental Internet use and Internet-specific norms and pathological Internet use among Chinese adolescents[J]. Computers in Human Behavior, 2012, 28(4): 1269-1275.

[115]Lo, S.K., Wang, C. C., & Fang, W. C. Physical interpersonal relationships and social anxiety among online game players[J]. CyberPsychology & Behavior, 2005(8):15-20.

[116]Lochman,J.E.,& Van den Steenhoven, A. Family-based approaches to substance abuse prevention[J]. Journal of Primary Prevention, 2006(23):49-114.

[117]Lovato C., Watts A., Brown K.S., Lee D., Sabiston C., Nykiforuk, C. et al. School and community predictors of smoking: a longitudinal study of Canadian high school[J]. American Journal of Public Health, 2013, 103(2): 362-368

[118]Luk, J.W., Farhat, T., Iannotti, R.J., Simons-Morton, B.G. Parent-child

communication and substance use among adolescents: Do father and mother communication play a different role for sons and daughters?[J]. Addictive Behavior, 2010(35): 426-431.

[119]M. Clerici, R. Garini, C. Capitanio, L. Zardi, I. Carta, E. Gori. Involvement of families in group therapy of heroin addicts[J]. Drug and Alcohol Dependence,1988, 21(3): 213-216.

[120]Martin S. Hagger, Nikos L. D. Chatzisarantis and Jemma Harris:From Psychological Need Satisfaction to Intentional Behavior: Testing a Motivational Sequence in Two Behavioral Contexts[J].Personality and Social Psychology Bulletin, 2006(32):131-150.

[121]Masten A S, Garmezy N. Risk, vulnerability, and protective factors in developmental psychopathology[M]//Advances in clinical child psychology. Springer US, 1985: 1-52.

[122]McFarlane, W. R. (Ed.). Multiple family groups in the treatment of severe psychiatric disorders[M]. New York: Guilford, 2002.

[123]McFARLANE, W. R., Link, B., Dushay, R., Marchal, J., & Crilly, J. Psychoeducational Multiple Family Groups: Four‐Year Relapse Outcome in Schizophrenia[J]. Family process, 1995, 34(2): 127-144.

[124]McKay, H. G., Glasgow, R. E., Feil, E. G., Boles, S. M., &Barreta, M. Internet-based diabetes self-management and support: Initial outcomes from the diabetes network project[J]. Rehabilitation Psychology, 2002(47): 31–48.

[125]McKenna, K. Y. A., Green, A. S., & Gleason, M. E. J. Relationship formationon the Internet: What's the big attraction?[J]. Journal of Social Issues, 2002, 58(1): 9–31.

[126]McQuail, D., Blumler, J. G., & Brown, J. R. The television audience: A

revised perspective[J]. Media studies: A reader, 1972: 271-284.

[127]Meerkerk, G.-J., Van Den Eijnden, R, J. J. M., Vermulst, A. A., & Garretsen, H. F. L. The Compulsive Internet Use Scale (CIUS): Some psychometric properties[J]. Cyberpsychology & Behavior, 2009, 12 (1): 1-6.

[128]Mesch, G. S., & Talmud, I. Similarity and the quality of online and offline social relationships among adolescents in Israel[J]. Journal of Research on Adolescence, 2007, 17(2): 455–466.

[129]Mesch, Gustavo S. Social relationships and Internet use among adolescents in Israel[J]. Social Science Quarterly, 2001, 82(2): 329-340.

[130]Michael G. McDonell, Dennis G. Dyck. Multiple-family group treatment as an effective intervention for children with psychological disorders[J]. Clinical Psychology Review, 2004(24): 685–706.

[131]Michael Reinboth,Joan L.Duda, and Nikos Ntoumanis. Dimensions of Coaching Behavior, Need Satisfaction, and the Psychological and Physical Welfare of Young Athletes[J]. Motivation and Emotion, 2004, 28(3): 297-313.

[132]Mickelson, Kristin D. Seeking social support: Parents in electronic support groups[J]. Culture of the Internet, 1997: 157-178.

[133]Mikami, A. Y., Szwedo, D. E., Allen, J. P., Evans,M. A. & Hare. A. L. Adolescent Peer Relationships and Behavior Problems Predict Young Adults' Communication on Social Networking Websites[J]. Developmental Psychology, 2010, 46(1): 46–56.

[134]Miller, I. W., Keitner, G. I., Ryan, C. E., Solomon, D. A., Cardemil, E. V. and Beevers, C. G. Treatment matching in the posthospital care of depressed patients[J]. American Journal of Psychiatry, 2005(162):

2131–2138.

[135]Moneta,B. G.,& Caikszentmihalyi, M. The effect of perceived challenges and skills on the equity of subjectiveexperience[J]. Journal of Personality, 1996(64): 275-310.

[136]Morahan-Martin, Janet, & Schumacher, Phyllis. Incidence and correlates of pathological Internet use among college students[J]. Computers in Human Behavior, 2000,16(1): 13-29.

[137]Morris, M., & Ogan, C. The Internet as mass medium[J]. Journal of Communication, 1996, 46(1): 29-50.

[138]Nam, Y. O. A study on the psychosocial variables of youths' addiction to Internet and cyber and their problematic behavior[J]. Korean Journal of Social Welfare, 2002(50): 173–207.

[139]Nichols, L. A., Nicki, R. Development of a psychometrically sound Internet Addiction Scale: A preliminary step[J]. Psychology of Addictive Behaviors, 2004,18(4): 381–384.

[140]Noller P,Callan, V. J.Adolescents' perceptions of the nature of their communication with parents[J]. Journal of Youth and Adolescence, 1990(19): 349-363.

[141]Noller P.,Callan V J.The adolescent in the family[M].London: Routlege, 1991.

[142]NollerP, BagiS. Parent-Adolescent Communication[J]. Journal of Adolescence, 1985(8): 125-144.

[143]Noom D.Family interaction as a context for the development of adolescent autonomy[J]. Advances in applied developmental psychology, 1998(15): 109–125

[144]O' Shea, M.,&Phelps, R. Multiple family therapy: Current status

andcritical appraisal[J]. Family Process,1985(24): 555-582.

[145]Olson, D.H., Russell, C.S., Sprenkle, D.H. Circumplex Model of Marital and Family Systems: VL. Theoretical Update[J]. Family Studies: Review Yearbook, 1984(2): 59-75.

[146]Olson, D.H., Sprenkle, D.H., Russell,C.S. Circumplex Model of Marital and Family Systems: I. Cohesion andAdaptability Dimensions, Family Types, and Clinical Applications[J]. Family process, 1974(18): 3-28.

[147]Olson,D H.Circumplex Model of Marital and Family Systems[J]. Journal of Family Therapy, 2000, 22(2):144-167.

[148]Orchard, L.J., & Fullwood, C. Current perspectives on personality and Internet use[J]. Social Science Computer Review,2010, 28(2): 155-169.

[149]Orzack, M. H., Voluse, A. C., Wolf, D., & Hennen, J. An ongoing study of group treatment for men involved in problematic internet-enabled sexual behavior[J]. Cyberpsychology & Behavior, 2006(9): 348–360

[150]Ostby, C. H.Conjoint Group Therapy with Prisoners and Their Families[J]. Family. Process.,1968(7): 184-201.

[151]Papacharissi, Z., & Rubin, A. M. Predictors of Internet use[J]. Journal of Broadcasting & Electronic Media, 2000, 44(2): 175-196.

[152]Paquette D. Theorizing the father-child relationship: mechanisms and developmental outcomes[J]. Human Development, 2004(47): 193–219.

[153]Park, S. K., Kim, J. Y., & Cho, C. B. Prevalence of Internet addiction and correlations with family factors among South Korean adolescents[J]. Adolescence, 2008, 43(172).

[154]Park,S. K., Kim,J. Y. Cho, C. B. Prevalence of Internet addiction and correlations with family factors among South Korean adolescents[J]. Adolescence, 2008, 172(43): 895-907.

[155]Parloff, M. B. The Family in Psychotherapy[J]. A.M.A. Arch. Gen. Psychiat.,1961(4): 445-451.

[156]Patock-Peckham, J. A., & Morgan-Lopez, A. A. College drinking behaviors: mediational links between parenting styles, impulse control, and alcohol-related outcomes[J]. Psychology of Addictive Behaviors, 2006(20): 117-125.

[157]Patock-Peckham, J. A., & Morgan-Lopez, A. A. The gender specific meditational pathways between parenting styles, neuroticism, pathological reasons for drinking, and alcohol-related problems in emerging adulthood[J]. Addictive Behaviors, 2009(34): 312-315.

[158]Pattison, E. M. Social System Psychotherapy[J]. Am. J. Psychother., 1973(17): 396-409.

[159]Paul P. Baard, Edward L. Deci, Richard M. Ryan. Intrisic need satisfaction:a motivational basis of performance and well-being in two work settings[J]. Journal of Applied Social Psychology,2004, 34(10):2045-2068.

[160]Pennington, N. What it means to be a (Facebook) friend: Navigatingfriendship on social network sites[A]. In the annual meeting of the NCA 95th annualconvention[C]. Chicago, IL, 2009.

[161]Perrino T, Gonzalez-Soldevilla A, Pantin G, Szapocnik J. he role of families in adolescent HIV prevention: a review[J].Clin Child FamPsychol Rev, 2003(3): 81–96.

[162]Pianta R.C, Harbers K. Observing mother and child behavior in a

problem-solving situation at school entry: Relations with academic achievement[J]. Journal of School Psychology, 1996(34):307-322.

[163]Pianta R.C, Niemtz S.L, Bennett E. Mother-child relationships, teacher-child relationships, and school outcomes in preschool and kindergarten[J]. EarlyChildhood Research Quarterly, 1997(12): 263 -280.

[164]Pratarelli, M. E., Browne, B. L., Jonhson, K. Y. The bits and bytes of computer/Internet addiction: A factor analytic approach. Behavior Research Methods[J]. Instruments, & Computers, 1999, 31(2): 305- 314.

[165]Prochaska, J. O., Velicer, W. F., Fava, J. L., Rossi, J. S., & Tsoh, J. Y. Evaluating a population-based recruitment approach and a stage-based expert system intervention for smoking cessation[J]. Addictive behaviors, 2001, 26(4): 583-602.

[166]Przybylski, A. K., Rigby C. S., & Ryan, R. M. A motivational model of video game engagement[J]. Review of General Psychology, 2010(14): 154-166.

[167]Rong, Y., Zhi, S., & Yong, Z. Comprehensive intervention on internet addictionof middle school students[J]. Chinese Mental Health Journal,2005(19): 457–459.

[168]Roschelle, J. M., Pea, R. D., Hoadley, C. M., Gordon, D. N., & Means, B. M. Changing how and what children learn in school with computer-based technologies[J]. Children and Computer Technology, 2000,10(2): 76-101.

[169]Rosenstein,D.S.,&Horowitz,H.A.Adolescent attachment and psychopathology[J]. Journal of consulting and clinical psychology,

1996, 64(2): 244.

[170]Rosnati, R., Lafrate, R., & Scabini, E. Parent–adolescent communication in foster, inter-country adoptive, and biological Italian families: Gender and generational differences[J]. International Journal of Psychology, 2007(42):36-45.

[171]Ryan, R. M., & Deci, E. L. Self-determination theory and the facilitation of intrinsic motivation, social development, and well-being[J]. American Psychologist, 2000, 55(1): 68-78.

[172]Sanders, C., Field, T., Diego, M., & Kaplan, M. The relationship of internet use to depression and social isolation among adolescents[J]. Adolescence, 2000(35): 237–242.

[173]Schaeffer, D. S. Effects of Frequent Hospitalization on Behavior of Psychotic Patients in Multiple Family Therapy Program[J]. J. Clin. Psychol., 1969(25): 104-105.

[174]Schneider B.H, Atkinson L, TardifC. Child-parent Attachment and children's peer relations : Aquantitative review[J]. Developmental Psychology, 2001(37):86-100.

[175]Scholz, M., Rix, M., Scholz, K., Gantchev, K., Thomke, V. Multiple family therapy for anorexia nervosa: concepts, experiences and results[J]. Journal of Family Therapy, 2005(27): 132–141.

[176]Sculthorpe, W., Blumenthal, I. J. Combined Patient-Relative Group Therapy In Schizophrenia[J]. Ment. Hygiene, 1965(49): 569-73.

[177]Sheeks, M. S. &Birchmeier, Z. P. Shyness, Sociability, and the Use of Computer-Mediated Communication in Relationship Development[J]. Cyber Psychology & Behavior, 2007, 10(1): 64-70.

[178]Shek D.T. A longitudinal study of the relations of family functioning to

adolescent psychological well-being[J]. Journal of Youth Study, 1998, 1(2):195-209.

[179]Shek, D. T. L., Tang, V.M. Y., & Lo, C. Y. Evaluation of an internet addiction treatment program for Chinese adolescents in Hong Kong[J]. Adolescence, 2009(44): 359–373.

[180]Shek, D. T.Differences between fathers and mothers in the treatment of,and relationship with their teenage children: Perceptions of Chinese adolescents[J]. Adolescence, 2000, 137(35): 135-146.

[181]Shen, C.X., Liu, R.D., & Wang, D. Why are children attracted to the Internet? The role of need satisfaction perceived online and perceived in daily real life[J]. Computers in Human Behavior, 2013, 29(1): 185-192.

[182]Shi, J., Chen, Z., & Tian, M. Internet Self-Efficacy, the Need for Cognition, and Sensation Seeking as Predictors of Problematic Use of the Internt[J]. Cyberpsychology, Behavior, and Social Networking, 2011, 14(4): 231-234.

[183]Short, J., Williams, E., & Christie, B. The social psychology of telecommunications[J]. 1976.

[184]Siomos, K. E., Dafouli, E. D., Braimiotis, D. A., Mouzas, O. D., & Angelopoulos, N. V. Internet addiction among Greek adolescent students[J]. CyberPsychology& Behavior, 2008, 11(6): 653-657.

[185]Smetana, J. G., Campione-Barr, N., & Metzger, A. Adolescent development in interpersonal and societal contexts[J]. Annu. Rev. Psychol., 2006(57): 255-284.

[186]Sproull, L., &Kiesler, S. Reducing socialcontext cues: Electronic email in organizational communications[J]. Management Science, 1986(32):

1492-1512.

[187]Stoker, A., & Swadi, H. Perceived family relationships in drug abusing adolescents[J]. Drug and Alcohol Dependence, 1990(25): 293-297.

[188]Stone, S., McKay, M., & Stoops, C. Evaluating multiple familygroups to address the behavioral difficulties of urban children[J]. Small Group Research, 1996(27): 398-415.

[189]Strelnick, A.H. Multiple family group therapy: a review of the literature[J]. Family process, 1977(16):307-325.

[190]Suler R. To get what you need: healthy and pathological internet use[J]. CyberPsychology & Behavior,1999, 5(2): 385-393.

[191]Suler, J. R. Internet addiction.www.rider.edu/users/suler/psycyber/ ausinterview.html. 2001-10-29.

[192]Suler, J. The online disinhibition effect[J]. CyberPsychology & Behavior, 2004(7): 321-326.

[193]Thomas R. Kratochwill, Lynn McDonald , Joel R. Levin ,Phyllis A. Scalia , Gail Coover. Families and schools together: An experimental study of multi-family support groups for children at risk[J]. Journal of School Psychology, 2009(47):245-265.

[194]Thomas, N. J., & Martin, F. H. Video‐arcade game, computer game and Internet activities of Australian students: Participation habits and prevalence of addiction[J]. Australian Journal of Psychology, 2010, 62(2): 59-66.

[195]Thorngren, J.M.& Kleist,D. Multiple family group therapy: An interpersonal/ postmodern approach[J]. The Family Journal, 2002(10): 167-176.

[196]Tolan, P. H., Guerra, N. G., & Kendall, P. C. A developmental–

ecological perspective on antisocial behavior in children and adolescents: Toward a unified risk and intervention framework[J]. Journal of Consulting and Clinical Psychology, 1995(63): 579-584.

[197]Tosun, L. P. Motives for Facebook use and expressing "true self" on the Internet[J]. Computers in Human Behavior, 2012(28): 1510–1517.

[198]Tsai, C., & Lin, S. S. J. Analysis of attitudes toward computer networks and internet addiction of Taiwanese adolescents[J]. CyberPsychology and Behavior, 2001(4): 373-376.

[199]Tsai, C., Lin, S., & Tsai, M. Developing an Internet attitude scale for high school students[J]. Computer & Education, 2001(37): 41-45.

[200]Turkle, S. Life on the screen: Identity in the age of the Internet[M]. New York: Simon &Schuster, 1995

[201]Turner, J.W., Grube, Jean A, & Meyers, Jennifer. Developing an optimal match within online communities: An exploration of CMC support communities and traditional support[J]. Journal of Communication, 2001, 51(2): 231-251.

[202]Twohig,M. P., & Crosby, J. M. Acceptance and commitment therapy as a treatmentfor problematic internet pornography viewing[J]. Behavior Therapy, 2010(41): 285-295.

[203]Valkenburg, P.M.,& Peter, J. Internet communication and its relation to well-bing: Identifying some underlying mechanisms[J]. Media Psychology, 2007, 9(1): 43-58.

[204]Van den Eijnden, R. J. J. M., Spijkerman, R., Vermulst, A. A., Van Rooij, T. J., & Engles,R. C. M. E. Compulsive Internet use among adolescents: Bidirectional parent–child relationships[J]. Journal of Abnormal Child Psychology, 2010(38): 77-89.

[205]Van Noppen, B., Steketee, G., McCorkle, B. H., & Pato, M. Group and multifamily behavioral treatment for obsessive compulsive disorder: a pilot study[J]. Journal of Anxiety Disorders, 1997, 11(4): 431-446.

[206]Van Rooij, A. J., Schoenmakers, T. M., Vermulst, A. A., Van Den Eijnden, R. J. J. M., & Van De Mheen, D. Online video game addiction: identification of addicted adolescent gamers[J]. Addiction, 2010(106): 205-212.

[207]van Rooij, A. J., Zinn, M. F., Schoenmakers, T. M. & van de Mheen, D. Treating Internet Addiction With Cognitive-BehavioralTherapy: A Thematic Analysis of the Experiencesof Therapists[J]. International Journal Mental Health Addiction, 2012(10):69-82.

[208]Velicer, W. F., & Prochaska, J. O. An expert system intervention for smoking cessation[J]. Patient education and counseling, 1999, 36(2): 119-129.

[209]Vuchinich, S. &Rachel. Problem-solving communication in foster families and   Brithfamilies[J]. Child Welfare League of America, 2002(24): 571-594.

[210]Wallnius M., Rimpela A., Punamaki R., Lintonen T. Digital game playingmotives among adolescents:Relations to parent-child communication, school performance, sleeping habits, and perceived health[J]. Journal of Applied Development Psychology, 2009(30):463-474.

[211]Wan, C. S. & Chiou, W. B. Psychological motives and onlines games addiction: A test of flow theory andhumanistic needs theory for Taiwanese adolescents[J]. CyberPsychology & Behavior, 2006, 9(3):317-325.

[212]Weiser, E. B. The functions of Internet use and their social and

psychological consequences[J]. CyberPsychology and Behavior, 2001(4): 723-743.

[213]Weitzman, G. D.Family and individual functioning and computer/ Internet addiction[D]. StateUniversity of New York at Albany Ph.D. Dissertation, 2000.

[214]Williams, S. K., & Kelly, F. D. Relationships among involvement, attachment, and behavioral problems in adolescence: Examining father's influence[J]. Journal of Early Adolescence, 2005(25): 168-196.

[215]Wills, T. A. Family factors and adolescent substance use:models and mechanisms[J]. Current Directions in Psychological Science,2003, 12(6): 222-226.

[216]Wu J.H, Wang S.C., Tsai H.H.Falling in love with online games: The uses and gratifications perspective[J]. Computers in Human Behavior,2010(26): 1862–1871.

[217]Yen,J.Y., Yen, C.F., Chen,C.C., Chen,S.H.,& KO, C.H. Family Factors of Internet Addiction and Substance Use Experience in Taiwanese Adolescents[J].CyberPsychology & Behavior, 2007, 10(3):323-331

[218]Young K S, Rogers R C. The relationship between depression and Internet addiction[J]. CyberPsychology & Behavior, 1998, 1(1): 25-28.

[219]Young, K. S. Psychology of computer use: XL. Addictive use of the Internet: a case that breaks the stereotype[J]. Psychological reports, 1996, 79(3): 899-902.

[220]Young, K. S. Internet addiction: Symptoms, evaluation, and treatment[J]. Innovations in clinical practice: A source book, 1999(17): 19-31

[221]Young, K.S, Pistner, M., O' Mara, J., & Buchanan. Cyber-Disorders: The Mental Health Concern for the New Millennium[J].

CyberPsychology& Behavior, 2000, 3(5): 475-479.

[222]Young, K.S. Cybersexual Addiction. http: //www. netaddiction. com/ cybersexual_ addiction. Htm, 1999.

[223]Young, K.S. Cognitive behavior therapy with Internet addicts: treatment outcomes and implications[J]. CyberPsychology & Behavior, 2007, 10(5): 671-679.

[224]Young. Internet Sex Addiction : Risk Factors, Stages of Development, and Treatment[J]. American Behavioral Scientist, 2008(52): 21-37.

[225]Youniss J, Smollar J. Adolescents Relations with Mothers, Fathers, and Friends[M]. Chicago: University of Chicago Press, 1985.

[226]Zhong X., Zu S., Sha S, Tao R., Zhao C., Yang F. The effect of a family-based intervention model on Internet-addicted Chinese adolescents[J]. Social Behavior and Personality , 2011, 39(8): 1021-1034.

[227]Zubrick S.R., Ward K.A., Silburn S.R., Lawrence D., Williams A.A., Blair E., Robertson D. et al. Prevention of child behavior problems through universal implementation of a group behavioral family intervention[J]. Prevention science, 2005, 6(4):

附　录

附录一　亲子关系量表

以下是关于你和你父母之间关系的一些情况，答案为：1- 完全不，2- 有些不，3- 一般，4- 有些，5- 非常。请把符合你情况的数字写在相应的空格里。

	父亲	母亲
(1) 你和你的父母交谈的时候有多开放？	（　）	（　）
(2) 当你向你爸爸（妈妈）表露情感时，你感觉多舒服、自然？	（　）	（　）
(3) 当你要和父母谈话的时候，你爸爸妈妈想和你交流的意愿有多大？	（　）	（　）
(4) 你爸爸或者妈妈对你表达感情或者喜爱的次数有多经常？	（　）	（　）
(5) 你爸爸或者妈妈对你真正喜欢的东西有多了解？	（　）	（　）
(6) 你感觉和你爸爸或者妈妈的亲密程度如何？	（　）	（　）
(7) 如果你遇到困难，你认为爸爸或者妈妈会给你帮助的信心有多大？	（　）	（　）
(8) 如果你需要钱，你向你爸爸或者妈妈要钱时的感觉舒服程度如何？	（　）	（　）
(9) 你爸爸或者妈妈对你所做的事情真正感兴趣的程度有多大？	（　）	（　）

附录二　亲子沟通量表

你是否同意以下有关你父母的一些描述，答案为：1- 非常不同意，2- 比较不同意，3- 无所谓，4- 比较同意，5- 非常同意。请选择符合你情况的数字，填在相应的空格里，请注意区分父亲和母亲的情况。

	父亲	母亲
(1) 我可以无拘无束地与我的父亲（母亲）谈论我的信仰	（　）	（　）
(2) 有些时候，我很难相信父亲（母亲）跟我讲的所有事情	（　）	（　）
(3) 我的父亲（母亲）总是一个好的倾听者	（　）	（　）
(4) 有些时候我害怕向父亲（母亲）提出自己的要求 -	（　）	（　）
(5) 我父亲（母亲）总是跟我谈一些不该谈的事情	（　）	（　）
(6) 我父亲（母亲）不用问我就知道我的感受	（　）	（　）
(7) 我对父亲（母亲）和我的交谈方式非常满意	（　）	（　）
(8) 如果我有麻烦，我会告诉父亲（母亲）	（　）	（　）
(9) 我可以毫无顾忌地向父亲（母亲）表达情感	（　）	（　）
(10) 当我与父亲（母亲）之间出现问题时，我经常会沉默以对	（　）	（　）
(11) 当我与父亲（母亲）说话时，我会非常谨慎	（　）	（　）
(12) 我总是告诉我父亲（母亲）一些不该说的事情	（　）	（　）
(13) 当我提出问题时，父亲（母亲）会诚实地回答我	（　）	（　）
(14) 父亲（母亲）会尽力理解我的观点	（　）	（　）
(15) 我会避免与父亲（母亲）谈论某些方面的话题	（　）	（　）
(16) 我发现与父亲（母亲）讨论问题是一件很轻松的事	（　）	（　）
(17) 我觉得向父亲（母亲）表达我所有的真实情感是非常容易的	（　）	（　）
(18) 我父亲（母亲）爱向我唠叨	（　）	（　）
(19) 当父亲（母亲）生我气时，他会羞辱我	（　）	（　）
(20) 我不会告诉父亲（母亲）我对某些事情的真实感受	（　）	（　）

附录三 青少年病理性互联网使用量表

请根据你的实际情况选择符合你的答案，并在答案上画"○"。

	完全不符合	基本不符合	不确定	基本符合	完全符合
1. 一旦上网，我就不会再去想其它的事情了	1	2	3	4	5
2. 上网对我的身体健康造成了负面影响	1	2	3	4	5
3. 上网时，我几乎是全身心地投入其中	1	2	3	4	5
4. 不能上网时，我十分想知道网上正在发生什么事情	1	2	3	4	5
5. 为了上网，我有时候会逃课	1	2	3	4	5
6. 为了能够持续上网，我宁可强忍住大小便	1	2	3	4	5
7. 因为上网，我的学习遇到了麻烦	1	2	3	4	5
8. 上学期以来，平均而言我每周上网的时间比以前增加了许多	1	2	3	4	5
9. 因为上网的关系，我和朋友的交流减少了	1	2	3	4	5
10. 比起以前，我必须花更多的时间上网才能感到满足	1	2	3	4	5
11. 因为上网的关系，我和家人的交流减少了	1	2	3	4	5
12. 在网上与他人交流，我更有安全感	1	2	3	4	5
13. 如果一段时间不能上网，我满脑子都是有关网络的内容	1	2	3	4	5
14. 在网上与他人交流时，我感觉更自信	1	2	3	4	5
15. 如果不能上网，我会很想念上网的时刻	1	2	3	4	5
16. 在网上与他人交流时，我感觉更舒适	1	2	3	4	5
17. 当我遇到烦心事时，上网可以使我的心情愉快一些	1	2	3	4	5
18. 在网上我能得到更多的尊重	1	2	3	4	5
19. 如果不能上网，我会感到很失落	1	2	3	4	5
20. 当我情绪低落时，上网可以让我感觉好一点	1	2	3	4	5

	完全不符合	基本不符合	不确定	基本符合	完全符合
21. 如果不能上网，我的心情会十分不好	1	2	3	4	5
22. 当我上网时，我几乎忘记了其他所有的事情	1	2	3	4	5
23. 当我不开心时，上网可以让我开心起来	1	2	3	4	5
24. 当我感到孤独时，上网可以减轻甚至消除我的孤独感	1	2	3	4	5
25. 网上的朋友对我更好一些	1	2	3	4	5
26. 网络可以让我从不愉快的情绪中摆脱出来	1	2	3	4	5
27. 网络断线或接不上时，我觉得自己坐立不安	1	2	3	4	5
28. 我不能控制自己上网的冲动	1	2	3	4	5
29. 我发现自己上网的时间越来越长	1	2	3	4	5
30. 我只要有一段时间没有上网，就会觉得心里不舒服	1	2	3	4	5
31. 我曾因为上网而没有按时进食	1	2	3	4	5
32. 我只要有一段时间没有上网，就会觉得自己好像错过了什么	1	2	3	4	5
33. 我只要有一段时间没有上网就会情绪低落	1	2	3	4	5
34. 我曾不止一次因为上网的关系而睡不到四小时	1	2	3	4	5
35. 我曾向别人隐瞒过自己的上网时间	1	2	3	4	5
36. 我曾因为熬夜上网而导致白天精神不济	1	2	3	4	5
37. 我感觉在网上与他人交流要更安全一些	1	2	3	4	5
38. 没有网络，我的生活就毫无乐趣可言	1	2	3	4	5

附录四 青少年心理需求及满足问卷

下列句子描述了中学生中常见的一些愿望，每一道题目都需要

你完成 3 个问题，首先回答在你的实际生活中这愿望的强烈程度，
答案分别为①非常不强烈 ②不强烈 ③一般 ④强烈 ⑤非常强烈；
再回答这种愿望在你的现实（网络以外的生活）中的满足程度，最
后回答这种愿望在你的网络中的满足程度，这两题答案都为：①非
常低 ②较低 ③一般 ④较高 ⑤非常高。请选择最符合你实际情况的
数字，并填在相应的空格中。

	你实际的强烈程度	现实生活中的满足程度	网络世界中的满足程度
我有建立充分自信的需要	（　）	（　）	（　）
我追求轻松地获得成就感	（　）	（　）	（　）
我需要比较容易地完成任务。	（　）	（　）	（　）
我需要自由地决定自己的生活	（　）	（　）	（　）
我希望自己的言行能够带动他人	（　）	（　）	（　）
我喜欢做自己想做的事情	（　）	（　）	（　）
我需要大家认同我的观点	（　）	（　）	（　）
我希望能了解自己感兴趣领域的进展	（　）	（　）	（　）
我希望朋友间互相帮助	（　）	（　）	（　）
我需要自己的才能获得他人认可	（　）	（　）	（　）
我需要忘掉烦恼	（　）	（　）	（　）
我希望自在地表达我的想法	（　）	（　）	（　）
我希望自己对他人有一定的影响力	（　）	（　）	（　）
我想了解他人观点和看法	（　）	（　）	（　）
我希望认识新的朋友	（　）	（　）	（　）
我需要能够得到他人的尊重	（　）	（　）	（　）
我希望能够不用掩饰地表达我的观点	（　）	（　）	（　）
我想提升自己在群体中的地位	（　）	（　）	（　）
我希望快速收集资料	（　）	（　）	（　）

	你实际的强烈程度	现实生活中的满足程度	网络世界中的满足程度
我喜欢接触有意思的人	（　）	（　）	（　）
我看重自己的观点能引起大家的共鸣	（　）	（　）	（　）
我需要打发无聊的时间	（　）	（　）	（　）
我喜欢在做事情时不受他人的控制	（　）	（　）	（　）
我喜欢在团队中发挥领导作用	（　）	（　）	（　）
我需要获取尽可能多的信息	（　）	（　）	（　）
我需要填补空虚的生活	（　）	（　）	（　）
我喜欢在交往中不必服从别人的要求	（　）	（　）	（　）
我希望在活动中处于优势地位	（　）	（　）	（　）
我希望摆脱苦闷的感受。	（　）	（　）	（　）
我希望自己的事情自己能作主	（　）	（　）	（　）
我需要比别人更强大	（　）	（　）	（　）
我希望能从多个地方获取信息	（　）	（　）	（　）
我想要找乐子，获得愉悦感	（　）	（　）	（　）
我喜欢自己决定自己的做事方式	（　）	（　）	（　）
我喜欢在做事情中超越对手	（　）	（　）	（　）

附录五　团体干预过程评价表

您好！网络辅导团体活动已经结束，希望大家可以对自己在团体中的状态进行一个自我评价。请您阅读下面各项描述，在最符合您自身情况的数字栏划勾。其中 1 代表完全不符合，4 代表完全符合。该问卷采取无记名方式，结果不会对您有任何影响，请填写您内心的真实想法。谢谢！

	完全不 符合	有些不 符合	有些 符合	完全 符合
1. 在团体里，我是一个积极投入的成员	1	2	3	4
2. 我愿意完全的投入团体，并且与大家分享目前生活的问题	1	2	3	4
3. 我认为自己愿意在团体里尝试经历新的行为	1	2	3	4
4. 我感觉团体中的成员是值得信任的	1	2	3	4
5. 我对自己在团体里的学习负责	1	2	3	4
6. 我尽量把团体里所学习到的东西，应用到外面的生活	1	2	3	4
7. 在团体中，我感觉到真诚和被尊重	1	2	3	4
8. 在团体中，我感觉到被支持、被接纳	1	2	3	4
9. 我愿意尽力表达自己的感受和想法	1	2	3	4
10. 在每次团体结束后，我都会花一些时间反省自己的参与情形	1	2	3	4
11. 我总是注意倾听别人在说什么，也会把我的感受直接告诉他们	1	2	3	4
12. 在一次团体活动结束后，我会想要参加下一次	1	2	3	4
13. 团体结束时，我有种恋恋不舍的感觉	1	2	3	4
14. 我对自己和我的家庭有了新的发现和认识	1	2	3	4
15. 我对网络的利弊认识得更加清楚	1	2	3	4
16. 我和父母/孩子对网络的利弊认识更加趋近一致了	1	2	3	4
17. 我/孩子能更好去控制自己使用网络的好的方面去为自己服务	1	2	3	4
18. 我能够意识到自己有的时候在使用不好的沟通方式	1	2	3	4
19. 我认为团体中学到的沟通方法能够帮助我以后更好地和父母/孩子进行交流	1	2	3	4
20. 我将会慢慢地去运用学习到的方法来改善我和他人的沟通	1	2	3	4
21. 我开始意识到过去我用非合作的方式解决亲子冲突	1	2	3	4

	完全不符合	有些不符合	有些符合	完全符合
22. 能和父母／孩子用合作解决方式制定家庭契约	1	2	3	4
23. 我学会通过制定家庭契约来督促自己改变行为	1	2	3	4
24. 我会在今后的生活中多使用合作解决方式来解决各种问题	1	2	3	4
25. 我觉得家庭契约能对我们以后的生活有帮助	1	2	3	4
26. 我发现家庭中有一些不合理的家庭规则	1	2	3	4
27. 我学会把不合理的家庭规则转化为合理的生活指引	1	2	3	4
28. 我认为把不合理的家庭规则转化为合理的生活指引对我们家庭有帮助	1	2	3	4
29. 我更清楚地了解自己／孩子的心理需求是什么以及满足的程度	1	2	3	4
30. 我更清楚自己可以做些什么来改变自己／孩子的上网行为	1	2	3	4
31. 我们家庭能够通过参与其它活动来代替一部分上网行为	1	2	3	4
32. 我对家庭的美好未来更有信心	1	2	3	4
33. 我发现了自己和父母／孩子身上发生的积极变化	1	2	3	4
34. 我看到了父母／孩子身上的优点	1	2	3	4
35. 我觉得自己和父母／孩子正在为改善家庭关系而努力	1	2	3	4
36. 团体促进了我们家庭内部的沟通	1	2	3	4
37. 我更愿意和父母／孩子沟通了，因为我觉得对方可以理解我，我也可以理解对方	1	2	3	4
38. 团体缓和了亲子间的紧张关系，家庭关系更融洽了	1	2	3	4
39. 我们的家庭氛围更轻松更温馨了	1	2	3	4
40. 我觉得团体对我们整个家庭关系／氛围的改善有很大的促进作用	1	2	3	4

附录六 团体干预过程访谈提纲

第一部分：总体评价

1. 总体上这次活动给你的感受的是什么？你的收获是什么？

第二部分：方案内容的具体评估

1. 本次活动中那一点或哪个部分给你的印象或感触最深？（或者某一句话）为什么？

2. 总体上来看，你觉得哪些因素对你的帮助最大？哪些相对较小？

3. 本次活动中你最喜欢哪一部分？原因是什么？

4. 本次活动中你最不喜欢哪一部分？原因是什么？

5. 本次活动中你觉得自己有改变吗？具体是什么？

6. 本次活动中你觉得妈妈／爸爸有改变吗？具体是什么？

7. 在这次整个活动中，有什么让你觉得不太舒服的地方吗？或者有什么地方是你觉得无效的部分？

8. 如果下次还有类似的活动，你希望和这次活动能有哪些不同或者相同之处？

第三部分：领导者评价

1. 你觉得团体的领导者还有哪些地方是可以做得更好的？或者需要改进之处？

2. 关于本次活动，你还有什么其他想说的吗？

致 谢

本书在研究过程中得到了以下人士的大力相助：

◆ 北京师范大学心理学院方晓义教授，在研究思路、研究设计、数据收集和论文撰写等各方面，均给予了悉心的指导；尤其是数据收集方面，没有方晓义老师的帮助，5000 多份跨省数据的收集将很难完成。

◆ 山东济南的张金宝老师对济南市 1000 多份数据的收集工作提供了很大帮助。

◆ 北京众享畅联科技有限公司蔡则畅总经理，内蒙校讯通科技有限公司的胡杰、李洪丹、郭峰、王可正、刘金玲等在干预研究的被试招募和场地提供等方面提供了帮助。

◆ 中国人民大学的雷雳老师、北京理工大学的贾晓明老师、北京师范大学的邹泓老师参加了本书研究工作的框架讨论，对于研究思路和研究设计都提出了非常宝贵的意见。

◆ 以下人员在数据收集和干预实施上提供了帮助：

　　» 刘朝莹、兰菁、袁晓娇、周楠、曹红建放弃了暑假时间，参与了干预的实施过程；张锦涛、邓林园、罗喆慧、周楠、曹红建、马丽霞、徐寒羽、平原参与了本书中所涉及研究工作中的问卷设计和干预方案发展等工作，为研究开展提供了帮助。

　　» 侯舒艨、琚晓燕、侯娟、李芷若、刘杨、申子姣、张耀芳、赵晨、王锦、张琢诗、徐晓叶楠、谭卓智等北京师范大学心理学院研究生均是数据施测主试。

◆ 学者万晶晶和苏文亮的已有研究给本研究提供了研究基础。

本书在出版过程中得到了以下机构和人士的支持和帮助：

◆ 青少年网络心理与行为教育部重点实验室的资助

◆ 教育部人文社会科学研究项目青年基金（12YJC190023）资助

◆ 华中师范大学心理学院周宗奎教授、范翠英教授对本书的出版和成型给予了大力的支持。

谨对以上及其他对本研究提供过帮助的机构和人士表示诚挚的感谢！